Modelo Contemporâneo
da Gestão à Brasileira

Dados Internacionais de Catalogação na Publicação (CIP)
(Câmara Brasileira do Livro, SP, Brasil)

Chu, Rebeca Alves
 Modelo contemporâneo da gestão à brasileira/
Rebeca Alves Chu. – 1. ed. – São Paulo: Cengage
Learning, 2010. – (Coleção debates)

 Bibliografia.
 ISBN 978-85-221-0908-1

1. Administração de empresas - Brasil
2. Cultura organizacional - Brasil 3. Globalização
4. Organizações - Administração I. Título. II. Série.

10-02074 CDD-658.00981

Índice para catálogo sistemático:

1. Brasil: Empresas: Cultura organizacional:
Administração 658.00981

COLEÇÃO DEBATES EM ADMINISTRAÇÃO

Modelo Contemporâneo da Gestão à Brasileira

Rebeca Alves Chu

Coordenadores da coleção
Isabella F. Gouveia de Vasconcelos
Flávio Carvalho de Vasconcelos
André Ofenhejm Mascarenhas

Austrália • Brasil • México • Cingapura • Reino Unido • Estados Unidos

Modelo contemporâneo da gestão à brasileira
Rebeca Alves Chu

Gerente Editorial:
Patricia La Rosa

Editora de Desenvolvimento:
Noelma Brocanelli

Supervisor de
Produção Editorial:
Fábio Gonçalves

Supervisora de
Produção Editorial:
Fabiana Alencar Albuquerque

Copidesque:
Fábio Larsson

Revisão:
Alessandra Maria Rodrigues
da Silva
Cristiane Mayumi Morinaga

Diagramação:
Alfredo Carracedo Castillo

Capa:
Eliana Del Bianco

© 2011 Cengage Learning Edições Ltda.

Todos os direitos reservados. Nenhuma parte deste livro poderá ser reproduzida, sejam quais forem os meios empregados, sem a permissão, por escrito, da Editora.
Aos infratores aplicam-se as sanções previstas nos artigos 102, 104, 106 e 107 da Lei nº 9.610, de 19 de fevereiro de 1998.

Esta editora empenhou-se em contatar os responsáveis pelos direitos autorais de todas as imagens e de outros materiais utilizados neste livro. Se porventura for constatada a omissão involuntária na identificação de algum deles, dispomo-nos a efetuar, futuramente, os possíveis acertos.

A editora não se responsabiliza pelo funcionamento dos links contidos neste livro que possam estar suspensos.

Para informações sobre nossos produtos,
entre em contato pelo telefone
0800 11 19 39
Para permissão de uso de material
desta obra, envie seu pedido para
direitosautorais@cengage.com

© 2011 Cengage Learning.
Todos os direitos reservados.

ISBN-13: 978-85-221-0908-1
ISBN-10: 85-221-0908-7

Cengage Learning
Condomínio E-Business Park
Rua Werner Siemens, 111 – Prédio 11
Torre A – Conjunto 12 – Lapa de Baixo
CEP 05069-900 – São Paulo – SP
Tel.: (11) 3665-9900 – Fax: (11) 3665-9901
SAC: 0800 11 19 39

Para suas soluções de curso e
aprendizado, visite www.cengage.com.br

Impresso no Brasil
Printed in Brazil

apresentação

Debates em Administração

> E o fim de nosso caminho será voltarmos
> ao ponto de partida e percebermos o mundo
> à nossa volta como se fosse a primeira vez
> que o observássemos.
>
> T. S. Elliot (adaptação)

O conhecimento transforma. Por meio da leitura, vamos em certa direção com curiosidade intelectual, buscando descobrir mais sobre dado assunto. Quando terminamos o nosso percurso, estamos diferentes. Pois o que descobrimos em nosso caminho frequentemente abre horizontes, destrói preconceitos, cria alternativas que antes não vislumbrávamos. As pessoas à nossa volta permanecem as mesmas, mas a nossa percepção pode se modificar com base na descoberta de novas perspectivas.

O objetivo desta coleção de caráter acadêmico é introduzir o leitor a um tema específico da área de administração, fornecendo desde as primeiras indicações para a compreensão do assunto até as fontes de pesquisa para aprofundamento.

Assim, à medida que for lendo, o leitor entrará em contato com os primeiros conceitos sobre dado tema, tendo em vista diferentes abordagens teóricas, e, nos capítulos posteriores, brevemente, serão apresentadas as principais correntes sobre o tema – as mais importantes –, e o leitor terá, no final de cada exemplar, acesso aos principais artigos sobre o assunto, com um breve comentário, e indicações bibliográficas para pesquisa, a fim de que possa continuar a sua descoberta intelectual.

Esta coleção denomina-se **Debates em Administração**, pois serão apresentadas sucintamente as principais abordagens referentes a cada tema, permitindo ao leitor escolher em qual se aprofundar. Ou seja, o leitor descobrirá quais são as direções de pesquisa mais importantes sobre determinado assunto, em que aspectos estas se diferenciam em suas proposições e qual caminho percorrer, dados seus interesses e suas expectativas.

Debates em Administração deve-se ao fato de que os organizadores acreditam que do contraditório e do conhecimento de diferentes perspectivas nasce a possibilidade de escolha e o prazer da descoberta intelectual. A inovação em determinado assunto vem do fato de se ter acesso a perspectivas diversas. Portanto, a coleção visa suprir um espaço no mercado editorial relativo à pesquisa e à iniciação à pesquisa.

Observou-se que os alunos de graduação, na realização de seus projetos de conclusão de curso, sentem necessidade de bibliografia específica por tema de trabalho, para adquirir uma primeira referência do assunto a ser pesquisado, e indicações para aprofundamento. Alunos de iniciação científica, bem como executivos que voltam a estudar em cursos *lato sensu* – especialização – e que devem ao fim do curso entregar um trabalho, sentem a mesma dificuldade em mapear as principais correntes que tratam de um tema importante na área de administração e encontrar indicações de livros, artigos e trabalhos relevantes na área que possam servir de base para seu trabalho e aprofundamento de ideias. Essas mesmas razões são válidas para alunos de mestrado *stricto sensu*, seja acadêmico ou profissional.

A fim de atender a esse público diverso, mas com uma necessidade comum – acesso a fontes de pesquisa confiáveis, por tema de pesquisa –, surgiu a ideia desta coleção.

A ideia que embasa **Debates em Administração** é a de que não existe dicotomia teoria–prática em uma boa pesquisa. As teorias, em administração, são construídas com base em estudos qualitativos, quantitativos e mistos que analisam e observam a prática de gestão nas organizações. As práticas de gestão, seja nos estudos estatísticos ou nos qualitativos, ou mistos, têm como base as teorias, que buscam compreender e explicar essas práticas. Por sua vez, a compreensão das teorias permite esclarecer a prática. A pesquisa também busca destruir preconceitos e "achismos".

Muitas vezes, as pesquisas mostram que nossas opiniões preliminares ou "achismos" baseados em experiência individual estavam errados. Assim, pesquisas consistentes, fundamentadas em sólida metodologia, possibilitam uma prática mais consciente, com base em informações relevantes.

Em pesquisa, outro fenômeno ocorre: a abertura de uma porta nos faz abrir outras portas, ou seja, a descoberta de um tema, com a riqueza que este revela, leva o pesquisador a desejar se aprofundar cada vez mais nos assuntos de seu interesse, em um aprofundamento contínuo e na consciência de que aprender é um processo, uma jornada, sem destino final.

Pragmaticamente, no entanto, o pesquisador, por mais que deseje aprofundamento no seu tema, deve saber em que momento parar e finalizar um trabalho ou um projeto, que constitui uma etapa de seu caminho de descobertas.

A coleção **Debates em Administração**, ao oferecer o "mapa da mina" em pesquisa sobre determinado assunto, direciona esforços e iniciativa e evita que o pesquisador iniciante perca tempo, pois, em cada livro, serão oferecidas e comentadas as principais fontes que permitirão aos pesquisadores, alunos de graduação, especialização, mestrado profissional ou acadêmico produzirem um conhecimento consistente no seu âmbito de interesse.

Os temas serão selecionados entre os mais relevantes da área de administração.

Finalmente, gostaríamos de ressaltar o ideal que inspira esta coleção: a difusão social do conhecimento acadêmico. Para tanto, estudiosos reconhecidos em nosso meio e que mostraram excelência em certo campo do conhecimento serão convidados a difundir esse conhecimento para o grande público. Por isso, gostaríamos de ressaltar o preço acessível de cada livro, coerente com o nosso objetivo.

Desejamos ao leitor uma agradável leitura e que muitas descobertas frutíferas se realizem em seu percurso intelectual.

Isabella F. Gouveia de Vasconcelos
Flávio Carvalho de Vasconcelos
André Ofenhejm Mascarenhas

SUMÁRIO

Introdução — 3

1. Cultura Organizacional — 7

2. Culturas Nacionais — 17

3. Cultura e Organizações no Brasil — 21

4. Efeitos da Globalização — 27

5. Modelo Contemporâneo da Gestão à Brasileira — 39

6. O Modelo "Glocal" — 67

7. Dinâmica Cultural Brasileira — 77

8. O MCGB nas Dimensões Organizacionais — 83

Bibliografia Comentada — 95

Referências Bibliográficas — 99

Introdução

O impacto das culturas nacionais sobre as organizações e a gestão das empresas têm sido objeto constante de trabalhos científicos. Diversos autores desenvolveram abordagens conceituais e esquemas classificatórios para compreender a influência da cultura nacional nas organizações. Esses trabalhos propõem classificações distintas de culturas nacionais, em função de diferentes dimensões ou variáveis.

Dentro do campo da cultura organizacional brasileira, muitos autores estudaram o impacto de traços culturais nas organizações do país. Para isso, parte significativa deles apoiou-se nas formações histórica, cultural, social e econômica do Brasil, descrevendo e analisando como os traços permeiam as organizações. As descrições e análises são riquíssimas em seus conteúdos, recortes e abordagens. Acima de tudo, revelam a complexidade do sistema cultural brasileiro e a decorrente necessidade de diversas "lentes" para compreendê-lo.

A maior parte dos estudos sobre cultura organizacional brasileira foi produzida nas décadas de 1980 e 1990. Os trabalhos que buscaram delinear um "modo brasileiro próprio de administrar" também foram desenvolvidos nesse período e desenharam um retrato bem organizado e solidamente embasado sobre a forma como a gestão era praticada no país.

No entanto, nesse período, a globalização intensificou-se, e o mundo dos negócios tornou-se cada vez mais global e competitivo. A maior interconexão entre as economias impulsionou diversos outros movimentos, como a difusão de práticas internacionais de gestão, os processos de fusão e aquisição, o crescimento do fluxo de expatriação e o aumento da demanda por cursos de gestão (como os MBAs[1]).

No Brasil, a abertura econômica ocorrida a partir dos anos 1990 foi acompanhada de reformas econômicas estruturais, que compreenderam programas amplos de desregulamentação econômica e de privatização. O processo também provocou um aumento dos investimentos estrangeiros no país e levou as empresas locais a buscar iniciativas de consolidação (por meio de processos de fusão e aquisição) e a colocar em prática sucessivos programas de atualização tecnológica e de modernização da gestão. Tal processo foi ainda acompanhado pelo aumento do fluxo de profissionais expatriados (do exterior para o Brasil e do Brasil para o exterior) e pela difusão de novas práticas de gestão disseminadas pela mídia de negócios, pelas empresas de consultoria e pelas escolas de gestão.

De forma geral, o Brasil mostrou-se receptivo à importação de novas práticas de gestão e os referenciais estrangeiros foram introduzidos na gestão local, misturando-se e fundindo-se com valores, referenciais e modelos originariamente aqui produzidos. É importante perceber, portanto, que em função da globalização e internacionalização dos negócios os traços culturais brasileiros tradicionais foram expostos a outros referenciais ditos mais "modernos". A tradicional forma brasileira de administrar foi impactada por estes novos referenciais.

---

1. *Master in Business Administration.*

Este livro busca delinear e indicar as características do Modelo Contemporâneo da Gestão à Brasileira (MCGB) considerando, para isso, as transformações, nos contextos global e nacional, anteriormente mencionadas (é importante deixar claro que o livro refere-se muitas vezes ao contexto pós-globalização. Com isso, busca unicamente delinear dois momentos distintos, o anterior e o posterior ao início da globalização e não pretende com este termo considerar a globalização como um processo encerrado).

O livro está estruturado em oito capítulos. Os campos das culturas nacionais e da cultura organizacional brasileira constituem o fundamento teórico para a construção do MCGB. Por este motivo, o Capítulo 1 trata do surgimento do tema da cultura e retoma algumas das definições mais conhecidas e respeitadas. O Capítulo 2 caracteriza a cultura brasileira tomando por base estudos sobre culturas nacionais efetuados por autores estrangeiros. O Capítulo 3 descreve os principais trabalhos de autores brasileiros no campo da cultura organizacional nacional, destacando os principais traços que a compõem. Os primeiros três capítulos fornecem um panorama sobre a cultura brasileira e a cultura organizacional brasileira anteriores à abertura econômica e à exposição do país aos efeitos da globalização. O Capítulo 4 expõe os principais elementos que influenciaram a gestão no Brasil em função da globalização. O MCGB é detalhado e discutido no Capítulo 5 levando em consideração as influências da internacionalização dos negócios. O leitor conhecerá os principais traços que compõem o modelo atual, as transformações que porventura estes traços sofreram em função da exposição à globalização e a forma como eles se agrupam. O Capítulo 6 discute a relação entre referenciais estrangeiros e nacionais, sua convivência e os hibridismos resultantes. O Capítulo 7 destaca o MCGB como algo dinâmico e em constante movimento. Os traços culturais que compõem o MCGB permeiam as principais dimensões organizacionais. O Capítulo 8 trabalha os impactos do MCGB nas dimensões da estratégia e da estrutura organizacional, dos processos organizacionais, da liderança e da gestão das pessoas.

É importante comentar aqui que, da mesma maneira que este livro trabalha com a ideia de um Modelo de Gestão Brasileiro e de que, portanto, é possível se falar em um modo brasileiro próprio de administrar, ele reconhece as dificuldades em sistematizar de maneira homogênea e coerente toda a pluralidade e complexidade histórica, cultural, social e econômica de um país como o Brasil. Este livro retrata um esforço em distinguir e organizar as características da forma como a gestão é praticada no país hoje, sem assumir que esta seja a única ou a mais adequada.

Este trabalho teve por base e fundamento teórico e empírico a dissertação de mestrado da autora apresentada à Fundação Getúlio Vargas. A partir daí, os dados foram retrabalhados em estudos posteriores, originando os conteúdos apresentados no livro.

Expresso meus agradecimentos à Isabella F. G. de Vasconcelos, ao Flávio C. de Vasconcelos e ao André O. Mascarenhas pelo convite para integrar esta coleção. Aos mestres Miguel Pinto Caldas e Thomaz Wood Jr. pelo incentivo e apoio à execução deste trabalho. E à Editora Cengage Learning pela parceria na confecção do livro.

capítulo 1
Cultura Organizacional

SURGIMENTO

O tema da cultura organizacional surgiu dentro do campo da teoria das organizações na década de 1980, no contexto norte-americano. Nesse período, revistas conceituadas no campo da teoria organizacional publicaram números especiais sobre o assunto, universidades americanas promoveram diversos programas, conferências e simpósios focados em cultura organizacional e muitos artigos e livros foram publicados (Freitas, 1991; Cunha, Rego, Campos e Cunha e Cabral-Cardoso, 2005; Alvesson, 2002).

As causas levantadas para o interesse em cultura organizacional na década de 1980 são diversas. Dentre as mais importantes estão: (i) o declínio da produtividade norte-americana e o ganho da competitividade dos modelos japoneses de negócios nessa década – a época do milagre japonês. O sucesso das técnicas japonesas levou à ideia de que diferenças culturais entre as sociedades – no caso, a americana e a japonesa – poderiam constituir um elemento importante para alcançar melhor desempenho; (ii) a necessidade de respostas a problemas práticos identificados no âmbito gerencial e (iii) a necessidade de um "contra-ataque" a problemas de desintegração da sociedade em função da fragmentação e da heterogeneidade de padrões culturais no período. A argumentação colocada neste caso por Alvesson (2002, *apud* Freitas 1991) é a de que o desenvolvimento econômico na sociedade americana no período teria resultado em um processo de quebra da uniformidade e da coesão cultural do país. Por este motivo, o interesse pela questão cultural teria se tornado relevante.

O tema da cultura organizacional tornou-se bastante popular tanto na esfera acadêmica quanto na gerencial. Ela foi considerada a "arma secreta" para a obtenção de vantagem competitiva e de sucesso organizacional. Esta noção contribuiu para reforçar a ideia de que uma cultura organizacional sólida compartilhada e fundamentada em valores e crenças profundos resultaria em um desempenho excelente. A popularidade do tema foi tão elevada que acabou gerando a massificação do assunto nas décadas de 1980 e 1990 (Freitas, 1991; Cunha, Rego, Campos e Cunha e Cabral-Cardoso, 2005; Schneider e Barsoux, 2003).

No entanto, apesar de sua popularidade, o conceito de cultura ainda está longe de ser algo universal, preciso ou evidente. A variedade de visões e definições de cultura e de sua relação com a sociedade e as organizações ainda é grande e revela a multiplicidade de perspectivas epistemológicas e metodológicas coexistentes (Freitas, 1991; Smircich, 1983).

CONCEITUAÇÕES SOBRE O TEMA

Diante da diversidade de conceitos desenvolvidos sobre cultura organizacional (Smircich, 1983; Alvesson, 2002; Freitas, 1991), são apresentadas, a seguir, algumas das principais definições existentes. A apresentação dos conceitos tem o objetivo de apresentar o tema ao leitor e indicar sua complexidade, sem a pretensão de desencadear uma discussão profunda ou de caráter epistemológico e metodológico. Para este fim, foram considerados alguns dos principais autores que discorreram sobre o tema em seus primeiros anos (nos anos de 1980), entre eles Pettigrew (1979), Smircich (1983) e Shrivastava (1985), e as abordagens mais recentes e respeitadas como as de Schein (1984, 1992) e Hofstede (1997).

Pettigrew (1979) realizou uma das reflexões pioneiras no campo. Trabalhou o conceito de cultura como um processo em constante transformação. Como algo que nasce, desenvolve-se e evolui; portanto, como um sistema que possui passado, presente e futuro. A cultura organizacional é, em sua visão, um sistema de significados aceitos pública e coletivamente por determinado grupo em um período específico de tempo. Este sistema funciona como um esquema (de formas, categorias e imagens) que permite ao indivíduo a interpretação para si mesmo de sua própria situação e realidade.

Para Smircich (1983), o conceito de cultura foi algo emprestado da Antropologia. Em um dos trabalhos mais reconhecidos do campo, a autora distingue cinco grandes conceitos de cultura com base antropológica: (i) cultura como um instrumento que serve às necessidades humanas biológicas e psicológicas (visão que corresponde à administração comparativa ou intercultural); (ii) cultura como um mecanismo adaptativo e regulatório que une indivíduos às estruturas sociais (visão que corresponde à cultura corporativa); (iii) cultura como um sistema de conhecimentos compartilhados (visão que corresponde à cognição organizacional); (iv) cultura como um sistema de significados e símbolos compartilhados (visão que corresponde ao simbolismo organizacional e (v) cultura como projeção da infraestrutura universal inconsciente da mente (que corresponde à visão da organização como processos inconscientes).

Smircich (1983) distingue ainda duas grandes abordagens sobre cultura organizacional: cultura como algo que a organização é ou como algo que a organização possui. Os dois primeiros conceitos anteriormente citados retratariam a visão de cultura como algo que a organização possui, e os três últimos, a visão de cultura como algo que a organização é. Esta distinção é importante, pois no primeiro caso, a cultura é vista como algo concreto, como um produto consciente e controlável da ação humana. No segundo caso, no entanto, a cultura é vista como algo menos concreto, mais subjetivo e, portanto, como produto do inconsciente, da ação e do pensamento humanos.

Em um dos trabalhos mais significativos sobre o tema em seus primórdios, Shrivastava (1985) discute o impacto da cultura na estratégia organizacional. Com esse intuito, aborda a cultura como um sistema de significados compartilhados que tornam significativos os eventos e as situações. E a cultura organizacional é o conjunto de produtos concretos por meio do qual este sistema se estabiliza e se perpetua. Entre os produtos estão os mitos, as sagas, a linguagem, as metáforas, as cerimônias, os rituais, o sistema de valores e as normas de comportamento.

Para Hofstede (1997) todo indivíduo carrega em si padrões de sentimentos, pensamentos e ações que aprendeu no decorrer de sua vida. Esses padrões podem ser chamados "programação mental" e acontecem no ambiente social em que o indivíduo se desenvolve. Essa programação mental é a cultura. A cultura é um fenômeno, portanto, coletivo, pois é – ao menos parcialmente – compartilhada com o todo. É a "programação coletiva da mente que distingue os membros de um grupo ou categoria de pessoas de outro grupo ou categoria".

Hofstede (1997) sugere diferentes níveis de manifestação da cultura: valores, rituais, heróis e símbolos, como ilustra a Figura 1.

Os símbolos são as palavras, os gestos e os objetos que carregam significados reconhecidos pelos que compartilham a mesma cultura. Constituem a camada mais superficial de manifestação da cultura. Novos símbolos são facilmente criados, e os antigos, substituídos. Os heróis são indivíduos, reais ou imaginários,

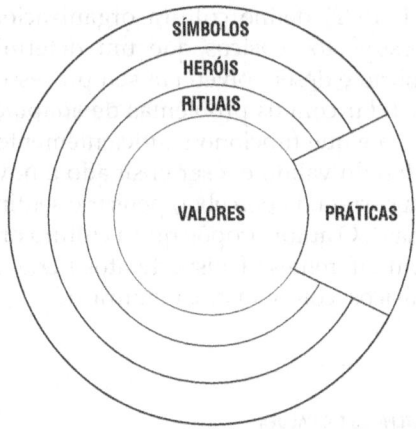

Fonte: Hofstede, 1997, p. 9

Figura 1 Manifestações da cultura em diferentes níveis de profundidade.

vivos ou não, que possuem ou possuíam características valorizadas pelos membros da cultura e que atuam como modelos a serem perseguidos. Os rituais são atividades coletivas tecnicamente desnecessárias ao alcance das metas e resultados organizacionais, mas socialmente essenciais para a manutenção dos indivíduos dentro das normas da coletividade. Esses três elementos (símbolos, heróis e rituais), quando transformados em práticas, podem ser observados por alguém externo à cultura. No entanto, o significado cultural permanece invisível e é compreensível somente aos *insiders*. Valores são as tendências a preferir determinadas condições a outras. São "concepções explícitas ou implícitas que distinguem um indivíduo de um grupo e que influenciam a seleção dos comportamentos, meios e fins para realização das ações" (Hofstede, 1997).

Schein (1984, 1992) define cultura organizacional como "o padrão de pressupostos básicos que um determinado grupo inventou, descobriu e desenvolveu em seu processo de aprendizagem a fim de lidar com os problemas de adaptação externa e integração interna e que funcionou suficientemente bem de forma a ser considerado válido e a ser ensinado a novos membros como a maneira correta de perceber, pensar e sentir com relação a esses problemas". O autor propõe que a cultura organizacional seja analisada em diferentes níveis: artefatos e criações, valores e pressupostos básicos, como ilustra a Figura 2:

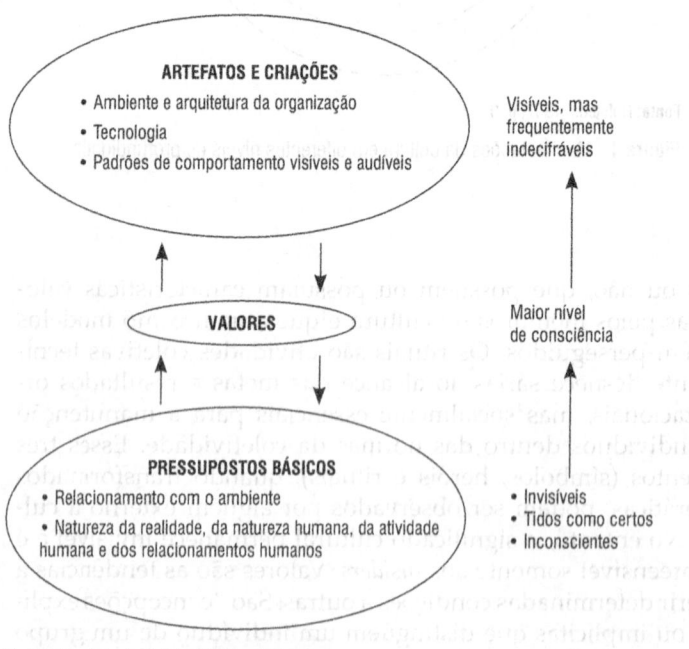

Fonte: Adaptado de Schein (1984, 1992)

Figura 2 Níveis da cultura organizacional.

Os artefatos constituem o ambiente da organização, sua arquitetura, sua tecnologia, o *layout* do espaço organizacional, a maneira como as pessoas se vestem, os padrões de comportamento que podem ser vistos ou escutados e os documentos públicos, como materiais ou quadros. São artefatos: (i) a arquitetura e o *design* da organização – aspectos físicos como o *layout*, as salas de reunião, os restaurantes, os banheiros e o estacionamento. Esses elementos constituem indicadores da importância dada à hierarquia e ao *status* e são reforçados por meio de outros artefatos como carros e mobília das salas; (ii) as formas de cumprimento entre as pessoas; (iii) as formas com que as pessoas dirigem-se umas às outras – com maior ou menor grau de formalidade; (iv) a forma da realização de contato entre as pessoas, considerações sobre o que é considerado público e o que é considerado privado; (v) códigos de vestimentas e (vi) contratos verbais ou escritos. Os elementos neste nível são fáceis de identificar e visualizar, mas difíceis de interpretar ou decifrar (Schein, 1984, 1992; Schneider e Barsoux, 2003).

É difícil observar diretamente os valores, embora haja maior nível de consciência com relação a eles, comparativamente aos pressupostos básicos. Para conhecê-los, é necessário utilizar ferramentas, como entrevistas com membros da organização ou analisar o conteúdo de seus artefatos, como documentos, por exemplo (Schein, 1984, 1992).

Os níveis dos artefatos e dos valores representam manifestações da cultura, mas não traduzem sua essência. A essência repousa no terceiro nível de análise proposto por Schein (1984, 1992): os pressupostos básicos e subjacentes. Estes são elementos inconscientes na mente dos indivíduos, compartilhados, mas que determinam como eles pensam, sentem e agem. São tidos como garantidos e são invisíveis.

Como revela a conceituação de cultura de Schein (1984, 1992), a noção de aprendizagem é fundamental a seu modelo. Ela é algo dinâmico: a cultura é aprendida, passada adiante e modificada. Assim como a noção de aprendizagem, também é essencial a ideia de que a cultura organizacional é solução para (i) problemas de adaptação externa relacionados à sobrevivência do grupo no ambiente e (ii) problemas de integração interna relacionados à habilidade do grupo em funcionar e organizar-se como tal. Os Quadros 1 e 2 a seguir resumem os principais problemas de adaptação externa e de integração interna enfrentados pelas organizações e em torno dos quais a cultura organizacional se desenvolve:

Quadro 1 Problemas de adaptação externa relacionados à sobrevivência

Estratégia	Desenvolvimento de consenso em relação à missão primordial, principais tarefas e funções latentes e manifestas do grupo.
Metas	Desenvolvimento de consenso em relação às metas, que são reflexos concretos da missão primordial.
Meio para realização das metas	Desenvolvimento de consenso em relação aos meios que devem ser utilizados para realizar as metas – por exemplo, divisão do trabalho, estrutura organizacional e sistema de recompensas.
Medição de *performance*	Desenvolvimento de consenso em relação aos critérios a serem utilizados como medidores do quanto a organização está conseguindo atingir suas metas – por exemplo, sistemas de informação e controle.
Correção	Desenvolvimento de consenso em relação às estratégias de correção quando o grupo não consegue realizar suas metas.

Fonte: Adaptado de Schein (1984, 1992)

Quadro 2 Problemas de integração interna

Linguagem	*Linguagem e categorias conceituais comuns.* Se os membros de uma cultura não conseguirem se comunicar uns com os outros e compreender uns aos outros, a existência de um grupo será impossível.
Fronteiras	*Consenso em relação às fronteiras do grupo e aos critérios de inclusão e exclusão.* Uma das noções mais importantes de cultura é a do consenso sobre quem está dentro e quem está fora do grupo, assim como os critérios que determinam o pertencimento.
Poder & *Status*	*Consenso sobre os critérios de alocação de poder e status.* A organização precisa trabalhar a questão das normas e regras para obtenção, manutenção e perda de poder. Essa área de consenso é crucial para que indivíduos possam administrar sentimentos como a agressão.
Intimidade	*Consenso em relação aos critérios para intimidade, amizade e amor.* Toda organização precisa trabalhar a questão das regras sobre relacionamento entre pares, entre gêneros e sobre a maneira como a intimidade será tratada.
Recompensas & Punições	*Consenso em relação aos critérios de distribuição de recompensas e punições.* Todo grupo precisa saber quais comportamentos farão sentido e serão considerados heroicos, o que será recompensado com prosperidade, *status* e poder e o que será punido.
Ideologia	*Consenso em relação à ideologia e à "religião".* Toda organização vê-se em face de eventos inexplicáveis. Eventos aos quais se deve atribuir significado para que os membros possam lidar com eles e evitar a ansiedade do inexplicável e do incontrolável.

Fonte: Adaptado de Schein (1984, 1992)

Em suma, para Schein (1984) a cultura (i) é algo que está em constante processo de formação e transformação; (ii) tende a cobrir todos os aspectos do funcionamento humano; (iii) é aprendida em função dos temas relacionados à adaptação externa e à integração interna e (iv) compõe-se de um grupo de pressupostos inter-relacionados padronizados, que fazem referência a temas como a natureza dos relacionamentos humanos, o tempo, o espaço e a natureza da realidade e da verdade.

Para finalizar esta seção, são apresentadas a seguir (Quadros 3 e 4) outras conceituações sintéticas de cultura organizacional, reafirmando o caráter diverso e complexo do tema (para uma revisão da literatura sobre cultura organizacional, ver Freitas, 1991 e/ou Freitas, 2007).

Quadro 3 Definições de Cultura Organizacional

Definição	Autores ilustrativos
"A forma costumeira ou tradicional de pensar e de fazer coisas partilhada por todos os membros de uma organização e que os novos membros têm de aprender e respeitar, pelo menos parcialmente, para serem aceitos ao serviço da firma"	Jacques, 1951, p. 251
"O conjunto de valores, crenças e sentimentos que, com os artefatos da sua expressão e transmissão (tais como os mitos, símbolos, metáforas e rituais), são criados, herdados, partilhados e transmitidos no interior de um grupo de pessoas e que, em parte, distinguem esse grupo dos demais grupos"	Cook e Yanow, 1993, p. 379
"Os valores e crenças firmemente partilhados pelos membros de uma organização"	Schneider, Brief e Guzzo, 1996, p. 11

Fonte: Adaptado de Cunha, Rego, Campos e Cunha e Cabral-Cardoso, 2005, p. 531.

Quadro 4 Definições de Cultura Organizacional

Definição	Autores ilustrativos
"Cultura é um conjunto de compreensões importantes que os membros de uma comunidade compartilham"	Sathe, 1985, p. 6
"Cultura é um grupo de compreensões ou significados compartilhado por um grupo de pessoas. Os significados são tácitos entre os membros, são claramente relevantes para esse grupo em particular e distinguem esse grupo de outros"	Louis, 1985, p. 70
"Cultura é o padrão de crenças e valores compartilhados que fornece significado e normas de comportamento aos membros de uma instituição"	Davis, 1984, p. 1

Fonte: Adaptado de Martin, 2002, p. 57.

capítulo 2

Culturas Nacionais

INTRODUÇÃO

As culturas nacionais constituem o campo dentro do qual as organizações desenvolvem seu estilo de gestão. Diversos são os estudos que abordam o impacto das culturas nacionais nas organizações e na forma como são geridas. Os autores que colocaram a cultura nacional como objeto de estudo científico desenvolveram esquemas classificatórios e abordagens conceituais distintos e extremamente ricos e válidos para compreendê-la (por exemplo, Adler, 2002; Emrich et al, 2004; Hall, 1959, 1960, 1977; Hofstede, 1997, 2001; House et al, 2004; Kabasal e Bodur, 2004; Laurent, 1981; Trompenaars, 1993).

Estes estudos apontam para o fato de que as culturas nacionais diferem em relação aos pressupostos que regem os valores, comportamentos e artefatos que expressam. Sucintamente, esses estudos abordam os pressupostos culturais com base em três grupos de variáveis. O primeiro diz respeito ao relacionamento da organização com o ambiente, isto é, "problemas" relacionados à adaptação externa. Dentre eles, por exemplo, a forma como a organização lida com as incertezas e ambiguidades do ambiente

(Hofstede, 1997, 2001; House *et al*, 2004). O segundo grupo relaciona-se à integração interna da organização e trabalha elementos como a natureza da natureza humana (por exemplo, o homem é naturalmente autodeterminado ou preguiçoso?), a natureza dos relacionamentos humanos (por exemplo, há o predomínio de individualismo ou de coletivismo?) e a natureza das atividades humanas (por exemplo, o que vale mais, a ação ou a reflexão?) (Kabasal e Bodur, 2004; Trompenaars, 1993; House *et al*, 2004; Hofstede, 1997, 2001). O terceiro grupo discute aspectos relacionados ao espaço, à linguagem (por exemplo, de alto ou baixo contexto?) e ao tempo (culturas são monocrônicas ou policrônicas?) (Hall, 1959, 1960, 1977; Hofstede, 1997, 2001).

O CASO DO BRASIL

O Brasil é visto por Hofstede (1997, 2001) e House *et al* (2004) como um país com alta necessidade de evitar incertezas. Estas são tidas predominantemente como ameaças que devem ser combatidas. Para isso, há grande necessidade de regras e procedimentos como garantia de maior grau de controle e previsibilidade nas ações e situações. Os indivíduos são motivados pela segurança e pelo senso de pertencimento. Segundo os autores, a grande quantidade de regras e procedimentos que procuram aumentar o grau de controle e previsibilidade nas ações e situações acaba por atuar como um inibidor de inovações.

Hofstede (1997, 2001) e House *et al* (2004) compreendem o Brasil, também, como um país em que a desigualdade de poder entre os indivíduos é grande. Para os autores, ela se expressa no elevado grau de hierarquização da sociedade, colocando indivíduos com menos poder em uma relação de dependência dos mais poderosos. Esta desigualdade é esperada na sociedade e centraliza o poder nas mãos de poucos. Desta situação desdobra-se o perfil do superior desejado: um autocrata benevolente, um indivíduo que mais se assemelha a um "bom pai". Nesse sentido, uma grande dose de autoridade, poder e *status* é colocada nessa figura, que possui, também, diversos privilégios e regras exclusivas. Essa distância entre superior e subordinado revela, por outro lado, subordinados passivos que esperam que lhes seja dito o que fazer.

Hofstede (1997, 2001) e House *et al* (2004) apontam o Brasil como um país em que predomina a tendência ao coletivismo. A necessidade de pertencimento a grupos é forte, os grupos possuem a função de proteger o indivíduo, e o indivíduo deve a eles sua lealdade. Por isso, os conflitos são evitados e a harmonia perseguida. O relacionamento entre empregado e empregador é percebido como um vínculo "de família", motivo pelo qual as contratações e promoções são realizadas, por vezes, levando-se em consideração o grupo ao qual o indivíduo pertence. Há, nesse sentido, uma grande distinção entre o grupo a que se pertence e o grupo dos outros. Por isso, as relações entre as pessoas devem ser de caráter pessoal e de confiança, principalmente para a realização de negócios. A importância das relações é tão grande que acaba, por vezes, prevalecendo sobre as tarefas.

Tradicionalmente, o Brasil encontra-se nos estudos de Hofstede (1997, 2001) em uma posição intermediária entre valores femininos e masculinos, mas apresenta leve predominância de características típicas da feminilidade (Urdan e Urdan, 2001; Alcadipani e Crubellate, 2003). Neste caso os valores dominantes são os de cuidado com o próximo, sendo os relacionamentos com pares e superiores elementos extremamente importantes. Espera-se que os indivíduos sejam modestos, solidários e não agressivos. Os gestores atuam utilizando muito a intuição e buscando o consenso. O foco, em tese, está mais na igualdade entre indivíduos, na solidariedade e na qualidade de vida do que nos resultados do negócio. Elementos como assertividade, agressividade, competição, ambição e preocupação com resultados e desempenho – valores típicos de culturas masculinas – estão em segundo plano. Neste sentido, tradicionalmente, a orientação ao desempenho também tende a ser baixa no Brasil (Javidan, 2004). A cultura brasileira tende a valorizar mais os relacionamentos familiares e sociais, a lealdade, o senso de pertencimento, a senioridade e a experiência, a harmonia com o ambiente, a cooperação entre os indivíduos, a tradição, a simpatia e a comunicação ambígua e sutil, exaltando mais aquilo que se é do que aquilo que se faz.

Ashkanasy (2004) trabalha com a ideia de orientação ao futuro e sugere que o Brasil encontra-se em uma posição intermediária em relação a esse elemento, mas que tende à baixa orientação ao futuro. De acordo com a conceituação de orientação ao futuro que desenvolveu, o Brasil seria uma nação com propensão a gastar e não a poupar, cujas organizações possuem orientação estratégica de curto prazo, com indivíduos menos intrinsecamente motivados e que valorizam o sucesso e ganhos imediatos.

Em suma, o Brasil é compreendido como um país de elevada desigualdade de poder, com comportamentos mais coletivistas do que individualistas e com alta tendência a evitar incerteza. Há leve predominância de atitudes características de sociedades femininas e baixa orientação ao futuro.

capítulo 3
Cultura e Organizações no Brasil

A literatura acadêmica nacional sobre traços culturais brasileiros dentro do campo de estudos organizacionais revela diversos autores que buscaram investigar, compreender e analisar os principais traços ou características da cultura brasileira na gestão das organizações no Brasil. Os principais trabalhos de autoria de estudiosos brasileiros sobre o tema foram produzidos na década de 1990 (Alcadipani e Crubellate, 2003). Para uma leitura mais detalhada sobre este tema, os estudos de Motta e Caldas (1997), Freitas (1997), Barros e Prates (1996), Davel e Vasconcelos (1997), Costa (1997), Vergara, Moraes e Palmeira (1997), Motta e Alcadipani (1999), Matheus (1997), DaMatta (1991), Motta (1996), Wood e Caldas (1998), Caldas (1997), Motta, Alcadipani e Bresler (2001) e Aidar, Brizola, Motta e Wood (1995) são peças fundamentais. A seguir, uma breve descrição dos principais trabalhos.

Um dos estudos mais respeitados que procurou investigar a relação entre cultura brasileira e a forma como a gestão é praticada nas organizações no Brasil foi o trabalho de Barros e Prates (1996). Com este objetivo, os autores conduziram uma pesquisa quantitativa – por meio de questionários – com 2.500 executivos de 520 organizações de grande e médio porte no sul e sudeste do Brasil. Tomando como base os estudos de tradicionais autores da cultura brasileira, como Roberto DaMatta e Lívia Barbosa, e a temática de culturas nacionais por meio dos estudos de Hofstede, os autores propuseram um modelo de ação cultural brasileiro. Este está estruturado em quatro grandes subsistemas: o institucional, o pessoal, o dos líderes e o dos liderados. Esses subsistemas apresentam intersecções entre si, e nessas intersecções são encontrados os traços culturais brasileiros. As quatro intersecções resultam nos traços concentração de poder, personalismo, postura de espectador e necessidade de evitar conflitos. Traços especiais também articulam os subsistemas e, em última análise, são responsáveis pela não ruptura do sistema como um todo. São eles o paternalismo, a lealdade às pessoas, o formalismo, a flexibilidade e a impunidade.

Outros autores que discorreram sobre o tema também constituem importantes referências na área. Freitas (1997) realiza uma pesquisa bibliográfica das obras de autores clássicos, como Gilberto Freire, Sérgio Buarque de Holanda, Caio Prado Junior e Roberto DaMatta, e delineia traços da cultura organizacional brasileira, como hierarquia, personalismo, paternalismo, malandragem, "jeitinho", sensualismo e a tendência a ser aventureiro. Tece comentários, também, sobre a pluralidade, a heterogeneidade e a diversidade como características culturais brasileiras. Davel e Vasconcelos (1997) fazem uma reflexão histórica sobre a dimensão paterna nas relações de trabalho nas organizações no Brasil. O estudo de caso de Lucirton Costa (1997) baseia-se em entrevistas e em pesquisa bibliográfica de uma torcida de futebol, identificando o homem cordial e a organização cordial como características específicas das organizações no país. Vergara, Moraes e Palmeira (1997) buscaram revelar as características particulares da administração de uma escola de samba, organização que consideram típica do país. Motta e Alcadipani (1999), por meio de uma pesquisa bibliográfica, discutem o "jeitinho" brasileiro nas organizações no

Brasil. DaMatta (1991) faz uma reflexão sobre o "jeitinho" e a malandragem, e Matheus (1997) discorre sobre o imaginário da lei no país. Motta (1996) também recorre a autores clássicos da cultura brasileira para refletir sobre as organizações no Brasil, e Wood e Caldas (1998), Caldas (1997) e Motta, Alcadipani e Bresler (2001) discorrem sobre a relação do brasileiro com o estrangeiro.

Uma revisão mais cuidadosa dos principais estudos sobre cultura e organizações no Brasil permite constatar que os elementos utilizados pelos diversos autores como caracterizadores da cultura das organizações no país são muitas vezes coincidentes ou semelhantes. Por este motivo apresenta-se a seguir um quadro sumário (Quadro 5) dos principais traços culturais brasileiros. Para compô-lo, recorreu-se, principalmente, aos trabalhos de Barros e Prates (1996), Freitas (1997), Motta e Alcadipani (1999), Motta (1996), Costa (1997), Davel e Vasconcelos (1997), DaMatta (1991), Matheus (1997), Moreira (2005), Vergara, Moraes e Palmeira (1997), Caldas (1997) e Motta, Alcadipani e Bresler (2001). Os trabalhos de Hofstede (1997, 2001), apesar de se situarem no campo das culturas nacionais, também foram aqui considerados, em função da forte influência que possuem em estudos sobre a cultura organizacional brasileira – por exemplo, em Barros e Prates (1996) e Barros (2003) (Alcadipani e Crubellate, 2003).

Quadro 5 Quadro sumário dos traços culturais brasileiros

Traço Cultural	Definição
Coletivismo	Ideia de que os interesses do grupo devem prevalecer sobre os interesses do indivíduo e de que há necessidade de pertencimento a grupos. A relação do indivíduo com o grupo é forte e assemelha-se a uma relação familiar: o grupo deve fornecer proteção ao indivíduo, e este oferece, em troca, sua lealdade. Para que uma situação de harmonia seja mantida, conflitos são evitados, e busca-se a manutenção de relações de confiança dentro do grupo, o que torna os relacionamentos entre indivíduos mais importantes do que as tarefas.

Lealdade às pessoas	Relação em que o líder e as pessoas do grupo a que se pertence são mais importantes que o sistema maior. Grande confiança é depositada na figura do líder, que é responsável pela manutenção da coesão do grupo, que, por sua vez, precisa da constante presença do líder para funcionar. O trabalho individual não segue autodeterminação.
Aversão ao conflito	Comportamento que resulta da conjunção da lealdade dos indivíduos à figura do líder e aos integrantes do grupo e da constante tentativa de harmonização do grupo pelo líder. Visa manter a harmonia do grupo e o bom relacionamento entre os indivíduos e evitar constrangimentos decorrentes de divergências.
Personalismo	Postura que reflete a importância atribuída às pessoas e aos interesses pessoais. Na rede de amigos e parentes é depositada grande confiança, principalmente para resolução de problemas ou obtenção de privilégios pessoais. Há intensa busca por proximidade e afeto nos relacionamentos, de forma que as conexões pessoais assemelham-se às conexões familiares. O grupo torna-se extensão da família como garantia de segurança nas ações.
Cordialidade	Comportamento individual permeado pela aparência afetiva, não necessariamente sincera ou profunda. Comportamento organizacional que revela predomínio de uma lógica de cunho emocional e emotivo.
Impunidade	Noção predominante de que as leis gerais são válidas somente para os indiferentes e de que os direitos individuais são monopólio de poucos. A transgressão de leis é vista como vitória contra os líderes e é premiada com a punição supostamente consequente.
Malandragem	Comportamento que deriva do desalinhamento existente entre as leis da vida pública e a realidade social costumeira. Constitui uma maneira de sobreviver socialmente, cumprindo leis absurdas e conciliando ordens impossíveis por meio da utilização de flexibilidade e adaptação. Constitui um modo de viver, de sobreviver e de proceder socialmente. Pressupõe predisposição para se tirar vantagens e caracteriza a profissionalização do "jeitinho".
Formalismo	Comportamento que busca redução dos riscos, da ambiguidade e da incerteza e aumento da previsibilidade nas ações e no comportamento humano por meio da criação de grande quantidade de regras, procedimentos, normas e instituições que regem as organizações.

"Jeitinho"	Comportamento que possui raízes no formalismo e que existe em função da grande quantidade de regras e determinações legais que submetem o cidadão ao Estado, regem suas interações sociais e determinam o que se pode ou não fazer, mas que pouco refletem a realidade social, revelando incoerência em relação aos hábitos e costumes. Este comportamento constitui uma tentativa de harmonização das regras e determinações universais com a vida e as necessidades diárias, buscando atingir e realizar objetivos a despeito de determinações legais contrárias. Revela um "combate" entre leis universais e relações pessoais e é conseguido muitas vezes por meio da personalização das relações obtidas pela descoberta de elementos e interesses em comum.
Flexibilidade	Capacidade que agrega aspectos de adaptação e de criatividade dos indivíduos e organizações. Adaptação refere-se à capacidade de ajuste a diversas situações e pode ser compreendida como uma capacidade criativa dentro de limites pré-fixados. A criatividade refere-se à capacidade de inovação das organizações e dos indivíduos.
Feminilidade	Orientação para comportamentos que valorizam os relacionamentos entre as pessoas, a preocupação e o cuidado com o próximo e a qualidade de vida. Valores como modéstia, solidariedade e igualdade são reforçados. Comportamentos como ação por intuição e busca por consenso são utilizados, bem como o bom relacionamento com superiores. Traduz o sentimento de "trabalhar para viver" e não o inverso.
Desigualdade de poder	Noção de grande desigualdade existente entre as pessoas revelada por meio do elevado grau de concentração de poder nas estruturas sociais e organizacionais, que se desmembra (i) na força da hierarquia nas relações entre as pessoas e (ii) na grande importância dada ao *status* individual e à autoridade dos superiores. Traduz a noção de que indivíduos em posições de menor poder aceitam as desigualdades entre as pessoas e possuem comportamento passivo diante dessa situação.
Autoritarismo	Postura que evidencia o alto grau de autoridade depositada em pessoas em posições hierarquicamente superiores. Reflete o elevado e, por vezes, excessivo respeito diante da autoridade.

Postura de espectador	Postura que reflete a falta de diálogo na sociedade e nas organizações brasileiras. Caracteriza-se pela falta de respostas, argumentações e senso crítico nas relações, o que leva ao mutismo. Esta postura seria função do gosto pelo mandonismo, pelo protecionismo e pela dependência entre as pessoas, o que levaria ainda a baixos graus de iniciativa, de autodeterminação para realização de tarefas e de capacidade crítica. Como consequência, há grande transferência de responsabilidade para autoridades (superiores e líderes).
Plasticidade	Tendência de comportamento que indica supervalorização do que é estrangeiro em detrimento ao que é brasileiro. Indica a propensão a mirar modelos e conceitos desenvolvidos fora do país em detrimento daqueles desenvolvidos localmente. Revela a inclinação à adoção sem críticas dos referenciais estrangeiros, sugerindo a grande permeabilidade da cultura brasileira aos conceitos e modelos estrangeiros.
Paternalismo	Relação que configura uma situação de controle dos indivíduos, na medida em que combina, por um lado, a figura de um chefe/patrão ao mesmo tempo autoritário, firme, cordial e generoso e por outro a aceitação e docilidade dos subordinados. A relação configura também uma dependência entre líderes e liderados decorrente da aceitação mútua da situação, que é simultaneamente econômica e pessoal: econômica no controle e na delegação de ordens, e pessoal na proteção e no agrado aos subordinados. A presença do patrão nos locais de trabalho é constante, as relações aproximam-se do modelo familiar e os subordinados aceitam e reivindicam esta configuração.

Fonte: Chu, 2006

capítulo 4
Efeitos da Globalização

O fenômeno da globalização cresceu nos últimos anos em função de progressos nas áreas de transporte, tecnologia e comunicação, tornando sua importância pouco questionável (Osland, 2003). Paralelamente aos avanços nessas áreas e à maior interconexão entre economias de diversos países, a globalização impulsionou (i) a difusão e adoção de práticas internacionais de gestão que constituíram modelos de referência no campo corporativo (Gertler, 2001; Wood e Caldas, 2002; Serva, 1990 *apud* Caldas, 1997; Caldas e Wood, 1998); (ii) os processos de fusão e aquisição entre organizações (Camargos e Barbosa, 2004; Barros e Cançado, 2003; Trinches, 1996; Miranda e Martins, 2000); (iii) o crescimento do fluxo de executivos e executivos expatriados (Gonçalves e Miura, 2002; Homem e Tolfo, 2004; Matos, 2002; Elis e Carrieri, 2005; Pliopas e Dell Agli, 2003) e (iv) o aumento da demanda por cursos de MBA (Wood e Paes de Paula, 2002) (Chu e Wood, 2008).

A seguir, cada um dos quatro tópicos acima apontados será brevemente comentado, buscando evidenciar os impactos que tiveram no contexto brasileiro e no contexto de gestão organizacional nas últimas décadas.

DIFUSÃO E ADOÇÃO DE PRÁTICAS INTERNACIONAIS DE GESTÃO

Como efeito da globalização econômica e comercial, as práticas e modelos de gestão desenvolvidos por países considerados industrializados, como Japão, Estados Unidos e países europeus, passaram a ser difundidos para países emergentes, como os latino-americanos (Gertler, 2001; Wood e Caldas, 2002).

A difusão crescente de tais modelos e práticas de gestão tornou-os referências para diversas nações mais ou menos industrializadas. Dentro deste contexto, tecnologias administrativas e gerenciais, como sistemas de gestão integrados e tecnologias de melhoria dos processos de produção industrial, como os círculos de controle de qualidade, os processos *just-in-time* e as certificações ISO 9000, foram intensamente difundidas por grandes corporações multinacionais, consultorias internacionais e gurus da gestão corporativa. Muitos desses modelos e práticas tornaram-se modismos gerenciais e foram disseminados como soluções mágicas para problemas de gestão em diversos contextos nacionais (Abrahamson, 1996; Caldas, 2000; Caldas e Wood, 1997).

A década de 1990 revelou-se um período atraente para investimentos na América Latina por organizações multinacionais de países desenvolvidos. Estes países estavam com seus mercados em maturidade, com concorrência acirrada e altos custos de mão de obra. Por outro lado, nos países emergentes surgia uma classe média com grande capacidade de consumo, o custo de mão de obra ainda era mais baixo e uma aparente estabilização econômica podia ser visualizada (Wood e Caldas, 1998). Nesse mesmo período, no Brasil, a flexibilização de regras de investimento e importação provocou um aumento do fluxo de investimentos produtivos. Após décadas de isolamento e políticas protecionistas, a crescente inserção internacional pressionou o país e toda a sua economia a recuperar o tempo perdido. Nesse sentido, o empresário local, acostumado a condições de concorrência controlada, viu-se desprotegido e despreparado para a concorrência internacional (Wood e Caldas, 1998).

A importação de modelos e práticas desenvolvidos em outras nações e contextos de gestão evidencia, por um lado, a grande abertura e recepção que o país demonstrou às práticas e aos modelos internacionais de gestão. Por outro lado, no entanto, essa abertura às práticas estrangeiras evidenciou um comportamento de mimetização desses modelos, transformando muitas organizações brasileiras em meros recipientes e reprodutores de tecnologia administrativa estrangeira e de modismos gerenciais instrumentais (Wood e Caldas, 1998). Muitas organizações no Brasil acabaram por replicar mimeticamente práticas e procedimentos ditos "de classe mundial", sob o pretexto de adquirir competitividade internacional (Scott, 1987; Dimaggio e Powell, 1983).

Em suma, o fenômeno da globalização econômica e comercial a partir do início da década de 1990 impulsionou, entre outros elementos, a difusão de práticas e modelos de gestão internacionais. Países menos desenvolvidos, como o Brasil, mostraram-se bastante receptivos a esses instrumentos de gestão – muitos deles modismos –, que foram incorporados, com maior ou menor grau de adaptação e de crítica, ao contexto de gestão local. O campo da gestão brasileira tornou-se, a partir desse momento, algo essencialmente importado (Caldas, 1997).

FUSÕES E AQUISIÇÕES

As décadas de 1980 e 1990 testemunharam uma grande onda de fusões e aquisições nos mercados norte-americano e europeu (Camargos e Barbosa, 2004; Barros e Cançado, 2003; Trinches, 1996; Miranda e Martins, 2000). A crescente demanda por competitividade no mercado internacional impulsionou um movimento forte de associações e parcerias entre empresas, envolvendo enormes somas financeiras.

Uma tendência evidente desse movimento no contexto internacional foi o interesse de empresas de origem norte-americana e europeia de investir fora de seus mercados domésticos (Trinches, 1996). O movimento de fusões e aquisições constituiu-se, dessa forma, em um instrumento de organizações multinacionais para penetração em outros mercados e consolidação de uma posição internacionalmente mais competitiva (Miranda e Martins, 2000).

Neste sentido, diversos países mais periféricos e menos inseridos na economia internacional tornaram-se mercados atraentes para empresas norte-americanas e europeias em busca de expansão de seus negócios. Na América Latina, por exemplo, esse movimento foi facilitado na época por elementos como a desregulamentação das economias desses países e as alterações nos padrões tecnológicos de algumas indústrias e serviços (Miranda e Martins, 2000).

No Brasil, o crescimento dos movimentos de fusão e aquisição também aconteceu na década de 1990 (Barros e Cançado, 2003; Camargos e Barbosa, 2004; Trinches, 1996). Diversos foram os elementos do contexto nacional que permitiram ou facilitaram a entrada dos investimentos estrangeiros na forma de fusões e aquisições: a necessidade de inserção do país na economia global cada vez mais competitiva e algumas características econômicas e comerciais nacionais no período, como a quebra das barreiras de entrada, os programas de desestatização e privatização, a quebra dos monopólios e a necessidade de modernização institucional. Os motivos de empresas brasileiras terem facilitado suas vendas a empresas estrangeiras giraram em torno de aspectos como maximização do valor da empresa para o acionista, aumento de *market share*, necessidade de diversificação dos negócios e aquisição de tecnologia (Barros e Cançado, 2003). As razões das multinacionais para realizar fusões e aquisições no mercado brasileiro estão associadas a elementos como agregação de produtos, ganhos em sinergia, melhorias em suas estruturas administrativas, aumentos no faturamento, novas oportunidades decorrentes de pactos comerciais como o Mercosul e déficit tecnológico das empresas brasileiras à época (Trinches, 1996).

Entre 1991 e 1999 as transações de fusão e aquisição no país (considerando capital estrangeiro e nacional) somaram US$ 115 bilhões, sendo que o maior número de transações realizadas teve por adquirentes empresas estrangeiras. A maior parte das compradoras estrangeiras era de origem norte-americana, inglesa, holandesa, espanhola, alemã e francesa. A outra parte consistiu em consórcios de empresas de nacionalidades distintas (Miranda e Martins, 2000).

Mesmo recentemente, os investimentos estrangeiros no país, principalmente direcionados aos processos de fusão e aquisição, continuam presentes, em grau cada vez maior. Em 2005, metade das transações de aquisição de controle e de participação minoritária no primeiro semestre do ano foi estrangeira. No mesmo ano, os estrangeiros estiveram presentes em 45 negócios envolvendo troca de controle acionário. Ainda em 2005, 65% das *joint ventures* formadas no Brasil envolveram capital estrangeiro (PwC, 2005).

Os discursos e retóricas mais comuns elaborados pela mídia e pelos envolvidos nesses casos celebram as fusões e aquisições como grandes feitos ou incríveis vitórias. As dificuldades inerentes a processos de fusão e aquisição, no entanto, são diversas. Entre elas, pode-se apontar a integração de diferentes valores, pressupostos e interpretações da realidade, que levam a padrões culturais e formas de gestão distintos (Barros e Cançado, 2003). Tradicionalmente, a integração entre as empresas pós-processo de compra consiste em algo complexo. Geralmente acontece um processo de assimilação cultural, em que a cultura da adquirente domina a cultura da adquirida, sobrepondo-se a ela e buscando muitas vezes eliminá-la. Este processo acarreta grandes mudanças em termos de modo de gestão para a adquirida e um baixo grau de modificações para a compradora. Barros e Cançado (2003) sugerem que, além do processo de assimilação cultural, há o processo de mescla cultural – que ocorre quando existe convivência de culturas, sem que uma delas seja dominante, com um moderado grau de mudança tanto para a adquirida quanto para a adquirente – e o processo de pluralidade cultural, no qual a cultura da adquirente exerce pouca ou reduzida influência na cultura da adquirida. Neste último caso, o grau de mudança para ambas as empresas é baixo.

O que se enfatiza aqui é a existência – em maior ou menor grau, dependendo do processo de aculturação resultante – de um "encontro" entre práticas e modelos de gestão de culturas originalmente distintas, neste caso, o "encontro" entre a cultura e forma de gestão das organizações no Brasil e a cultura e forma de gestão de organizações de origens culturais estrangeiras. As organizações estrangeiras que entraram no país e que aqui praticam a gestão dos seus negócios trouxeram consigo práticas, ferramentas e modelos de gestão desenvolvidos em outros contextos de negócios e que – em maior ou menor grau – impactam a gestão das organizações no contexto brasileiro.

EXPATRIAÇÃO

O fenômeno da globalização provocou a intensificação do comércio, da negociação e da competitividade entre países de todas as regiões do mundo, influenciou e impulsionou a formação de blocos econômicos, contribuiu para progressos e avanços tecnológicos e para a formação de associações entre organizações de diversas nacionalidades (Gonçalves e Miura, 2002). A internacionalização dos negócios e das empresas provocou um aumento nas interações interculturais entre organizações e indivíduos. As interações interculturais permeiam uma variedade de situações de trabalho – como viagens de negócios para países estrangeiros – e o próprio trabalho dentro das organizações (Homem e Tolfo, 2004).

O fortalecimento da internacionalização dos negócios impulsionou a migração e a designação internacional de executivos pelo mundo. O fluxo de pessoas entre empresas de diferentes nacionalidades foi estimulado, e a quantidade de indivíduos vivendo e trabalhando em países estrangeiros aumentou visivelmente. Neste sentido, a expatriação de executivos tornou-se uma prática comum para o desenvolvimento econômico e comercial de organizações em países estrangeiros (Matos, 2002; Pliopas e Dell Agli, 2003; Homem e Tolfo, 2004; Elis e Carrieri, 2005; Gonçalves e Miura, 2002).

Dentro desse contexto, diversas são as razões que levaram as organizações a expatriar executivos; dentre elas, (i) a necessidade de abrir novos negócios em outros países; (ii) a necessidade de aumentar a participação em algum mercado em que já atuavam; (iii) situações de fusões e aquisições; (iv) quando da necessidade de transferência de conhecimentos específicos para os gestores locais; (v) situações de necessidade de transferência de tecnologia; (vi) quando percebe-se a possibilidade de tornar seus executivos líderes com uma visão mais abrangente e global e (vii) quando da necessidade de reduzir custos de produção, por meio da produção em locais mais baratos (Elis e Carrieri, 2005).

O Brasil começou a receber profissionais expatriados em meados dos anos de 1950, como reflexo do aumento das atividades industriais no país (Elis e Carrieri, 2005). No entanto, a expansão da migração de estrangeiros deu-se nas décadas de 1980 e 1990 com a abertura econômica e com a disseminação da globalização da economia e do comércio entre nações. No ano de 1996, o Brasil foi um dos países com maior número de executivos expatriados, ficando atrás somente da China e da Índia (Elis e Carrieri, 2005). O ápice da migração de estrangeiros expatriados para o Brasil aconteceu, no entanto, no período entre os anos de 1999 e 2000 com o movimento das privatizações, com a política de atração de indústrias estrangeiras e em função de concessões fiscais e financeiras oferecidas às organizações como estímulo à atuação no país (Matos, 2002).

Os objetivos e tipos de expatriação que ocorreram no Brasil podem ser classificados em: (i) expatriação com o objetivo de desenvolvimento gerencial, situação em que o executivo estrangeiro foi exposto e interagiu com as práticas gerenciais brasileiras; (ii) expatriação que ocorreu com a finalidade de desenvolvimento de algum negócio específico, como *start-ups*, e (iii) expatriações que aconteceram em função da necessidade de desenvolver técnicas no Brasil. Em maior ou menor grau, esses tipos de expatriação permitiram compartilhamento de conhecimentos e técnicas de gestão (Matos, 2002).

Torna-se evidente o impacto mútuo entre as práticas e formas de gestão de culturas nacionais distintas. Os executivos estrangeiros influenciaram e modificaram a cultura nacional e suas formas e práticas de gestão, assim como foram por elas impactados. E, mais uma vez, pode-se dizer que as organizações no Brasil tiveram suas práticas e formas de gestão fortemente influenciadas pelo conhecimento, técnicas, ferramentas e estilos de gestão de organizações de outras nacionalidades (Matos, 2002; Homem e Tolfo, 2004).

CURSOS DE GESTÃO (MBAs)

Os programas de *Master in Business Administration* – MBA – foram criados no contexto norte-americano em 1908 e disseminados para outros países e continentes com maior força a partir do pós-guerra. Nos anos de 1960 e 1970, nos Estados Unidos, os programas de MBA consolidaram-se e as escolas norte-americanas tornaram-se exportadoras desses "produtos". Os programas de MBA foram apontados como um caminho seguro para o sucesso na carreira de executivos em todas as partes do mundo. Sofreram inúmeras críticas, principalmente a partir da década de 1990, no entanto, o fascínio que exercem sobre executivos das mais diversas regiões do mundo ainda é considerável.

A década de 1970 no Brasil representou significativa expansão do ensino superior no país e dos cursos de administração de empresas. O fenômeno da globalização nas décadas seguintes aumentou ainda mais a demanda por profissionais qualificados para a gestão de organizações. A partir desse período, o conhecimento em administração de empresas no Brasil passou por um processo de massificação, que alcançou seu auge nas décadas de 1980 e 1990, em função da atuação das escolas de negócios no país, das empresas de consultoria e de outros elementos, como gurus do *management* e a mídia de negócios.

Os cursos de MBA criados e oferecidos por diversas escolas de administração de empresas no Brasil diferem em relação a muitos aspectos, como perfil dos programas e alunos, perfil dos professores, conteúdo programático e custos. No entanto, pode-se dizer que, de maneira geral, o conteúdo dos MBAs brasileiros reflete um referencial preponderantemente estrangeiro. O referencial brasileiro utilizado ainda é restrito.

Muitas das instituições de ensino que oferecem cursos de MBA no Brasil possuem como modelos aqueles tradicionalmente criados e desenvolvidos no contexto norte-americano. Neste sentido, disseminam valores – como meritocracia, instrumentalidade, cultos do sucesso, da ascensão na carreira e da excelência – tipicamente originários da cultura nacional norte-americana. De maneira geral, há nos cursos de MBA oferecidos por instituições no Brasil a predominância da reprodução de pensamentos e ferramentas de gestão importados. Portanto, os cursos de MBA – por meio do conteúdo que oferecem, bem como pela literatura de *pop management* que recomendam – disseminam no Brasil ideias, valores, comportamentos e práticas de gestão de origem, em geral, estrangeira.

MUDANÇAS NA GESTÃO

A globalização e a internacionalização dos negócios, como discutido anteriormente, trouxeram mudanças e impactos importantes para a gestão no Brasil. Essas mudanças podem ser divididas em três dimensões, como aponta o Quadro 6: a própria internacionalização da gestão, o ambiente institucional e o perfil do gestor brasileiro.

Quadro 6 Mudanças recentes que influenciam a gestão

Dimensão	Características marcantes
Internacionalização da gestão	• O país abriu-se econômica e comercialmente; • A globalização trouxe multinacionais, referenciais de gestão importados e executivos estrangeiros; • A gestão transformou-se – "modernizou-se" – ao incorporar referenciais estrangeiros; • Características marcantes da cultura brasileira ainda permanecem; • A incorporação de referenciais tende hoje a ser feita de maneira criteriosa (ao invés de adoções impensadas).
Ambiente institucional	• O ambiente institucional brasileiro é visto tradicionalmente como instável, complexo e de difícil compreensão; • Nos últimos anos, houve aumento na estabilidade política e econômica, há maior previsibilidade e menor volatilidade econômico-financeira, e o país está politicamente mais sólido.
Perfil do gestor brasileiro	• Há grande diferença na qualidade da formação dos gestores e muitos gestores pouco preparados ou qualificados profissionalmente; • Há uma lacuna entre uma geração mais antiga de gestores (pré-globalização) e a geração atual (pós-globalização); • Está em formação uma nova geração de gestores, mais internacionalizada, cosmopolita e moderna.

Fonte: Chu, 2006

A globalização e internacionalização dos negócios, a entrada de executivos estrangeiros no país e a difusão de práticas e referenciais internacionais impactaram a forma como a gestão tem sido praticada no país. Desde as décadas de 1980 e 1990 a gestão sofre transformações, incorporando conteúdos originários de outras culturas – principalmente dos Estados Unidos e do Japão. Ela não só se transformou, mas se modernizou. Abrigou referenciais estrangeiros, mas com crescente capacidade crítica. A tendência à incorporação acrítica (a grande permeabilidade ao estrangeiro) vem sendo substituída pela reflexão crítica: nem tudo o que é bom para os outros é bom para o Brasil. A permeabilidade ao estrangeiro, portanto, permanece, mas é feita agora com um filtro crítico. Nasce no país a postura da valorização das capacidades, práticas e traços culturais locais, sem deixar de adaptar aquilo que vem de fora e que faz sentido à gestão local.

Como colocam Barros e Prates (1996), o Brasil é visto tradicionalmente como dotado de contexto nacional – econômico, político e institucional, principalmente – bastante instável e imprevisível, que tende a direcionar as organizações ao desenvolvimento de um estilo de gestão voltado às necessidades do curto prazo, à flexibilidade, à adaptabilidade e à criatividade. Hoje, no entanto, embora o contexto nacional ainda seja visto como algo instável, há a percepção crescente de que ele se torna (em termos históricos) cada vez mais estável, sólido e previsível. Isto é percebido por meio da crescente possibilidade de realização do planejamento organizacional e pela busca de dimensões mais objetivas da gestão (como a busca por resultados).

Paralelamente às mudanças no contexto nacional (mais estável) e na gestão (mais moderna), o perfil do gestor brasileiro também se modifica. Há nas organizações, hoje, um choque entre os estilos de gestão das gerações mais antigas – anteriores às décadas de 1980 e 1990 – e as gerações mais recentes. As gerações mais recentes tendem a ser mais flexíveis, mais abertas ao mundo e ao que acontece fora das fronteiras do país e utilizam práticas mais sofisticadas e avançadas de gestão – tendo muitas vezes como influência os cursos de MBA que utilizam referencial internacional como conteúdo principal. Surge no país uma nova geração de gestores, mais internacionalizada, cosmopolita e voltada às dimensões objetivas de gestão e aos resultados organizacionais. Esse novo gestor é alguém que tem a capacidade e a habilidade de articular as práticas e referenciais estrangeiros às necessidades locais, gerando e desenvolvendo um estilo de gestão que abarca ao mesmo tempo conceitos internacionais e traços marcantes da gestão e da cultura locais.

capítulo 5

Modelo Contemporâneo da Gestão à Brasileira

O Modelo Contemporâneo da Gestão à Brasileira (MCGB) possui como base as culturas nacional e organizacional brasileiras; foi construído e reconstruído em função do impacto da internacionalização dos negócios e está organizado em torno de quatro dimensões fundamentais, como ilustrado pela Figura 3. A seguir as quatro dimensões e os principais traços culturais que as compõem são descritos.

RELAÇÕES INTERPESSOAIS

> "Aqui você vai até certo nível com política e de um nível pra baixo é amizade pura. E você faz negócio só porque é amigo mesmo" (Gerente Sênior, Brasileiro, Consultoria Multinacional de Estratégia).

O conhecimento e o domínio das habilidades de relacionamento interpessoal são fundamentais no Brasil. Esta dimensão

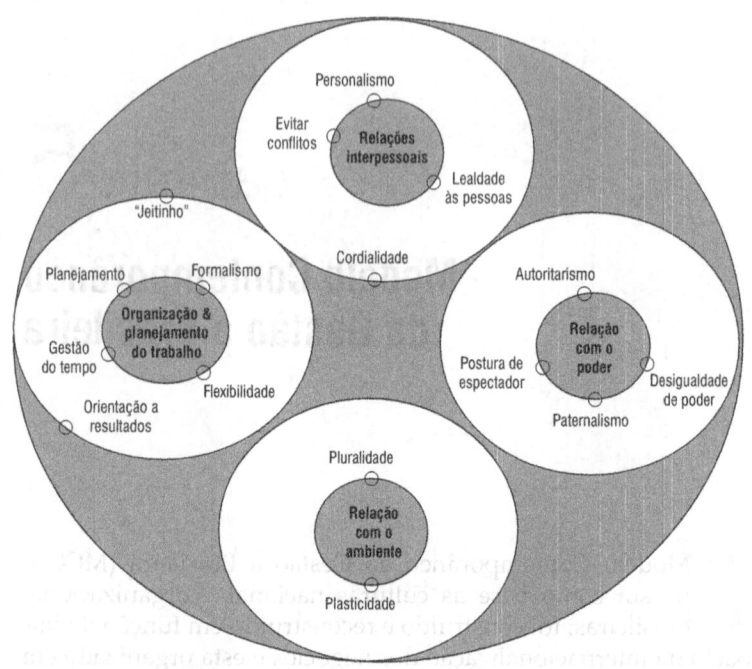

Fonte: Adaptado de Chu, 2006

Figura 3 Modelo contemporâneo da gestão à brasileira

possui quatro traços: personalismo, lealdade às pessoas, necessidade de evitar conflitos e cordialidade. Todos estão interligados e possuem como pano de fundo os traços do coletivismo e da feminilidade. O personalismo e a lealdade às pessoas são os traços centrais. A relação de amizade entre indivíduos (pares e superiores) é tão importante que muitas vezes se sobrepõe às atividades. A lealdade é fundamental para que o manto de relações permaneça coeso e traga os benefícios resultantes. Como os vínculos de amizade são o que há de mais precioso e importante, a necessidade de desenvolvimento e manutenção de relações harmônicas torna-se evidente. Os conflitos são evitados, e a busca por consenso torna-se a regra. Dizer "não" é algo bastante difícil. Ser verdadeiro, quando há possibilidade de desagradar o outro, é coisa bastante rara. Neste caso, a preferência é pelo comportamento de aparente afetividade, que não é necessariamente sincero. Evitar conflitos e cordialidade são produtos decorrentes do poder do personalismo e da lealdade às pessoas. A seguir, cada traço será comentado individualmente.

PERSONALISMO

"Se eu quero uma *performance* extraordinária de uma pessoa que trabalha para mim, eu vou ter que levar essa pessoa pra tomar uma cerveja e para almoçar de vez em quando. E vamos ter que falar besteira juntos. Essa socialização fora do trabalho vai ser importante. E ela tem que sentir ajudada, em alguns pontos, que não necessariamente estejam voltados ao trabalho. Eu acho que essa é a maneira de se conseguir uma *performance* extraordinária de um recurso no Brasil" (Gerente Sênior, Brasileiro, Empresa de Consultoria em Tecnologia de Informação e Serviços).

O traço do personalismo surgiu no país em função do poder que os indivíduos desenvolvem com base nas conexões que possuem e não de suas capacidades e especializações técnicas. A rede de amigos e parentes constitui caminho certo e importante para a resolução de problemas e para a obtenção de privilégios. Por estes motivos, os laços que os indivíduos desenvolvem entre si são extremamente importantes e valorizados, e os indivíduos costumam desenvolver relacionamentos próximos e estreitos com os grupos aos quais pertencem. Esses laços estreitos aproximam-se de uma relação familiar, e o grupo é percebido muitas vezes como extensão da família. Cria-se uma situação de cuidado mútuo em que o grupo protege seus integrantes e o indivíduo preocupa-se com o grupo (Barros e Prates, 1996; Freitas, 1997; Motta, 1996).

O traço do personalismo permanece característica fundamental no contexto pós-globalização e revela algumas nuanças. A primeira delas diz respeito à importância de um relacionamento próximo – tanto entre integrantes da mesma equipe como entre chefes e subordinados – para a obtenção de bons desempenhos e resultados no trabalho. A socialização dentro e fora da empresa é um elemento importante, e as pessoas precisam sentir que tanto chefes como pares compartilham das dificuldades que porventura possuam para realizar as atividades demandadas. É preciso, também, que o acompanhamento da realização do trabalho seja feito, na maior parte das vezes, de maneira próxima e afetiva, de forma que o indivíduo sinta-se amparado e sustentado. A existência de comportamentos desse tipo tende a associar-se a maior produtividade e melhor desempenho individual e grupal.

A segunda nuança é a influência que os relacionamentos pessoais possuem na determinação e percepção de um bom ambiente de trabalho. Para muitos brasileiros, um relacionamento agradável com pares e líderes é essencial e vital para qualificar o ambiente de trabalho como algo apreciável. Neste sentido, se as relações que o indivíduo possui com as pessoas no local de trabalho não são agradáveis ou são permeadas por constantes conflitos e confrontos, é grande a chance de que o ambiente de trabalho seja considerado inadequado ou ruim. As relações pessoais servem, portanto, como termômetro para a qualificação do ambiente de trabalho e até mesmo do emprego em si.

A terceira nuança indica que os aspectos pessoais são tão importantes no contexto organizacional que acabam por se confundir com as relações profissionais. As relações no âmbito profissional tornam-se pessoais, e vice-versa, tornando o mundo do trabalho uma "grande casa" (DaMatta, 1991; Vergara, Moraes e Palmeira, 1997).

LEALDADE ÀS PESSOAS

Barros e Prates (1996) e Barros (2003) sugerem que a atração pessoal constitui o elemento mais forte de coesão social no Brasil e está fortemente relacionada à lealdade às pessoas. Neste sentido, o membro de um grupo atribui maior valor às necessidades do líder e de outras pessoas do grupo ao qual pertence do que ao sistema maior no qual está inserido. A figura do líder assume grande importância para a manutenção da coesão do grupo, sendo que este dificilmente funciona sem sua constante presença. Nele é depositada toda confiança. Como consequência, o trabalho por autodeterminação e por obrigação consigo mesmo tende a ser um comportamento incomum.

EVITAR CONFLITOS

"Com relação ao conflito, o alemão, por exemplo, é um cara [sic] que vai se sentir muito mais confortável em te dizer 'olha, você não está fazendo certo, você agiu errado, eu não gostei do que você fez, essa é uma postura incompetente', e isso não significa que ele gosta menos ou mais de você, mas que tem mais facilidade em lidar com o conflito. O brasileiro sofre pra dizer isso, ele dá nós na gravata antes de dizer pra você 'olha, você fez um negócio que eu não gostei', porque ele acha que ao dar um *feedback* negativo ou expor o conflito ele vai comprometer a relação, e como a relação é importante pra ele, ele sente dificuldade" (Diretor, Brasileiro, Consultoria na Área de Organizações e Pessoas).

Dado o alto grau de lealdade dos indivíduos à figura do líder e aos outros integrantes do grupo, em função da importância das relações pessoais, dificilmente se criam situações em que os conflitos sejam tratados abertamente. Isto comprometeria o relacionamento entre indivíduos e criaria constrangimento, o que prejudicaria a harmonia do grupo. Os conflitos que porventura surgem são tratados dentro de círculos fechados e busca-se invariavelmente a harmonização dos pontos de vistas divergentes (Barros e Prates, 1996).

O brasileiro possui medo do confronto e sente-se desconfortável em expressar críticas. Um dos mecanismos que desenvolveu para lidar com o incômodo do conflito e com a decorrente falta de comprometimento é a utilização de humor e ironia.

Em relação ao humor e às sátiras, é preciso pontuar alguns aspectos importantes. Por um lado, estes elementos são utilizados no dia a dia como importantes "ferramentas" de gestão para gerar energia, diluir o nervosismo e as tensões, aproximar as pessoas (principalmente líderes e liderados), aumentar o espírito de equipe e promover comprometimento e envolvimento. São utilizados também em situações em que mensagens difíceis têm de ser passadas e em situações complexas e ambíguas. Em tese, o humor e a sátira aumentam a produtividade. No entanto, no Brasil, também são mecanismos utilizados para lidar com situações de conflito. Eles são fonte de resistência, forma de desafiar o *status quo* e de se insubordinar. Camuflam desacordos e ressentimentos. São, portanto, uma válvula de escape para frustrações e tensões, apontando inconsistências, discordâncias e conflitos (potenciais ou reais). É preciso saber compreender quais os sinais que a utilização do humor revela sobre as atividades e o dia a dia da organização (Rodrigues, 1995).

CORDIALIDADE

"Um outro lado que me chama a atenção é que os executivos brasileiros têm muita dificuldade em dizer não. Então, por exemplo, às vezes queremos vender um projeto. Geralmente somos muito bem recebidos, raramente somos mal recebidos e nos dizem 'ah, isso está errado'. As pessoas ouvem tal, são simpáticas, mas às vezes fica mais difícil do que em outros países identificar se o executivo ficou realmente interessado ou se ele não está interessado, mas quer ser simpático. Ele diz 'ah sim, legal, muito interessante, vou pensar no assunto, acho que pode haver alguma oportunidade, vamos falando, eu ligo, a gente se fala'. E ele continua sempre pensando... A mensagem não é clara" (Gerente Sênior, Português, Consultoria Multinacional de Estratégia).

Com o intuito de verificar as possíveis peculiaridades de organizações tipicamente brasileiras, Costa (1997) realizou um estudo de caso em uma torcida de futebol. A análise dessa torcida permitiu o desenvolvimento da noção de organização cordial, com base nos moldes do homem cordial. O homem cordial seria o protótipo do homem brasileiro, fruto da contradição existente entre traços da sociedade patriarcal herdada do período colonial e do capitalismo moderno. O homem cordial não pressupõe bondade, mas sim comportamentos de aparência afetiva, inclusive de manifestações externas, não necessariamente sinceros ou profundos. A organização cordial, por sua vez, é o tipo de organização que utiliza como lógica predominante para tomada de decisão e definição de ações aquela de cunho emocional e emotivo. O traço da cordialidade ainda está presente no contexto pós-globalização, em função da presença dos outros traços como personalismo e lealdade às pessoas, mas é um traço mais periférico dentro do grupo das relações interpessoais.

ORGANIZAÇÃO & PLANEJAMENTO DO TRABALHO

"Acho que os gestores brasileiros precisam ter um pouco mais de força para poder fazer um plano estruturado, para ter metas, para poder fazer o controle das metas que estão atingindo, para saber o que fazer" (Diretora, Peruana, Consultoria Multinacional de Estratégia).

A forma como o trabalho é organizado e planejado no Brasil esteve fortemente vinculada aos contextos nacional e internacional. Até o momento anterior à abertura econômica e inserção do país na economia global, o contexto nacional (institucional, econômico e político) era instável, imprevisível e tinha pouca credibilidade. Em função dessa configuração, a necessidade de evitar incertezas e ambiguidades era grande. A vida social e organizacional era bastante burocrática, repleta de regras e normas. Havia um formalismo necessário, mas por vezes excessivo. O traço cultural do formalismo regeu a vida social e grande parte das instituições desse período. Hoje, o formalismo ainda é forte no âmbito público e permeia acentuadamente o âmbito privado. Do excesso de formalismo nasceram o "jeitinho" brasileiro (válido para ambos os âmbitos) e a flexibilidade. O "jeitinho" foi e é um traço característico da gestão no país, mas parece hoje enfraquecido (é um traço mais periférico dentro deste grupo). A flexibilidade, que também foi e é um traço essencial da gestão, pode ser traduzida na capacidade de adaptação e inovação. É um traço do qual os brasileiros se orgulham e pelo qual são valorizados em outros contextos. Da flexibilidade derivam a má gestão do tempo e a falta de planejamento. A má gestão do tempo ainda é um traço marcante, e a falta de planejamento aparentemente está sendo aos poucos substituída pelo crescimento da formalização e da profissionalização da gestão no país. A seguir, um breve comentário sobre estes traços.

FORMALISMO

"Aqui no Brasil se tem uma tolerância menor para a sistematização, padronização e formalização de processos. Eu vejo nossas empresas fazendo isso também, mas sinto de maneira geral uma tolerância menor para isso e uma valorização menor desse processo. Acho que a gente valoriza muito mais essa nossa capacidade de criar coisas novas, de lidar com ambiguidade do que ter coisas que funcionam sempre do mesmo jeito. Acho que talvez seja uma mudança desse contexto mais recente, mas empresas brasileiras hoje levam a sério a formalização, a padronização dos processos ou, pelo menos, se não de uma maneira absoluta, de maneira relativa, ou seja, estão mais preocupadas com isso hoje do que estavam há cinco anos" (Diretor, Brasileiro, Consultoria Multinacional na Área de Organizações e Pessoas).

Para Barros e Prates (1996), o formalismo é resultante da forma como as sociedades lidam com a incerteza. Por meio de leis, regras formais e procedimentos busca-se proteção contra a imprevisibilidade do comportamento humano e da natureza. Opiniões divergentes e controversas procuram ser eliminadas por meio das regras formais. No Brasil, a forma típica para controle das incertezas é a grande quantidade de leis, regras e normas que regem a sociedade e as organizações.

Outra visão sobre o formalismo é levantada por Motta e Alcadipani (1999). Os autores definem o formalismo como a discrepância entre a conduta concreta e as normas que pretendem regular tal conduta. Argumentam que o desrespeito às leis internas de determinada sociedade gera uma desconfiança generalizada a respeito da validade das leis dessa sociedade. E, neste sentido, reforçam que o formalismo poderia ser apontado como raiz estrutural do "jeitinho" brasileiro.

O Brasil é tradicionalmente visto como um país com alta necessidade de evitar incertezas, portanto, um país repleto de regras, normas e procedimentos. Esta visão está atrelada a seu contexto econômico, político e social anterior à abertura econômica: turbulentos, imprevisíveis e instáveis. A alta necessidade de evitar incertezas desdobrou-se principalmente (mas não exclusivamente) nas instituições da esfera pública. Como comenta Matheus (1997), o formalismo traduz-se na grande quantidade de regras que regem a sociedade, os comportamentos, as ações sociais e a vida diária da população. DaMatta (1991) remete o conceito de formalismo às leis que regem a relação cidadão–Estado, isto é, às leis que submetem o cidadão ao Estado. O autor relaciona o formalismo, portanto, à vida pública. Neste sentido, o formalismo – traduzido na grande quantidade de leis e regras para evitar incertezas e ambiguidades –, como caracterizado por Barros e Prates (1996), Hofstede (1997, 2001) e House *et al* (2004), está mais atrelado à esfera da vida pública no país. Os reflexos e as consequências que isto pode exercer sobre as organizações privadas podem ser percebidos em outro traço cultural: a informalidade. O excesso de formalismo existente na vida pública, na relação das organizações e indivíduos com o Estado, implica em um modo forçosamente informal de atuação para sobrevivência.

Assim, a visão de um país repleto de formalismos encaixa-se perfeitamente ao âmbito público. O âmbito privado, por sua vez, também utilizou o formalismo para lidar com a instabilidade do contexto, mas conviveu mais com o aspecto da informalidade e não carrega em si (em sua estrutura e operações) um grau tão elevado de formalismo. Pelo contrário: neste caso, há pouca tolerância a normas, regras e procedimentos para controle das atividades. O apego a sistematizações e padronizações é historicamente reduzido. Há preferência por maior grau de abertura e flexibilidade para realização das atividades. Os gestores orgulham-se da forma desprovida de regras com que as atividades e processos são conduzidos e realizados. O sentimento geral é o de que a capacidade de lidar com ambiguidade de criação e inovação é um bem de grande valor e que destaca a gestão no Brasil da gestão em outras culturas.

Recentemente – no caso do âmbito privado –, a histórica preferência pela gestão desprovida de regras e formalismos tem sofrido transformações, principalmente em função da inserção do país na economia global. A abertura às práticas estrangeiras e a internacionalização da gestão (maior orientação a aspectos mais objetivos e orientação a resultados) impulsionou a valorização e a incorporação de regras, normas e procedimentos. A gestão tem se tornado mais formal e profissional. Isto também se relaciona com a crescente estabilização do contexto nacional. As organizações agora se voltam ao planejamento e ao controle, ao mesmo tempo em que mantêm os traços tão valorizados da criatividade e da adaptabilidade. A gestão, neste aspecto, vive um modelo misto que agrega e faz conviver estes aparentes opostos.

FLEXIBILIDADE

"O brasileiro está acostumado: entra crise, sai crise. Ele sabe se adaptar a uma situação nova. Isso traz versatilidade ao executivo. E acho que versatilidade em um ambiente dinâmico e globalizado é fundamental" (Gerente Sênior, Brasileiro, Empresa Brasileira do Ramo de Construção Civil).

Barros e Prates (1996) e Barros (2003) sugerem que este traço possui duas faces, a adaptabilidade e a criatividade. A adaptabilidade é a capacidade histórica das empresas de se ajustar aos diversos pacotes econômicos governamentais e também a capacidade de se adaptar às diversas soluções tecnológicas estrangeiras trazidas e implantadas no Brasil. O conceito de criatividade, por sua vez, está relacionado à capacidade de inovação das organizações e indivíduos.

No contexto pós-globalização, a flexibilidade ainda é um traço marcante na gestão. Tanto a adaptabilidade como a criatividade estão fortemente presentes no cotidiano de trabalho. A adaptabilidade é encontrada na capacidade do brasileiro de tomar decisões de maneira ágil em contextos turbulentos e em constante alteração. A criatividade está presente na capacidade de encontrar novas soluções, tanto em situações do dia a dia como em situações inesperadas e de muita pressão. Ambos os traços são valorizados no contexto de trabalho e são vistos como características positivas.

"JEITINHO"

"Os alemães são disciplinados, às vezes colocam as regras acima dos fins. Os americanos, é difícil também quebrarem a regra. Ambos são muito mais disciplinados e organizados. O brasileiro às vezes tenta encontrar uma maneira de burlar a regra. No Brasil tem muito aquela coisa 'vou dar um jeito de fazer isso funcionar para você...'" (Gerente Sênior, Brasileiro, Empresa Multinacional do Ramo Automobilístico).

Para Motta e Alcadipani (1999), o "jeitinho" brasileiro deriva do formalismo e é a forma de o indivíduo atingir objetivos a despeito de determinações contrárias, como leis, normas, regras e ordens, funcionando como uma válvula de escape individual e específica diante de imposições e determinações universais. Para Matheus (1997), o "jeitinho" representa a incoerência entre as leis e os hábitos e costumes do povo brasileiro. É a maneira original que o brasileiro possui para harmonizar as regras jurídicas e as práticas da vida diária. Também a respeito do "jeitinho" nas organizações, Barbosa (1992) comenta que a lei e a norma no Brasil não implicam barreiras definitivas e irrevogáveis para o desejo e comportamento das pessoas. O "não" pode significar, por vezes, um "talvez" e, quem sabe, um "sim". Para DaMatta (1991), a lei no Brasil significaria o "não pode" formal, submetendo o cidadão ao Estado. Nesta situação, segundo ele, o brasileiro acaba escolhendo a junção do "pode" com o "não pode", e essa junção produz todos os tipos de "jeitinhos" que possibilitam ao indivíduo operar em um sistema legal que pouco reflete a realidade social do país. O "jeitinho" revela o embate entre o indivíduo – sujeito das leis universais – e a pessoa – sujeito das relações sociais.

No contexto pós-globalização, o "jeitinho" ainda está presente na gestão das organizações, no entanto, parece não constituir um traço tão central, forte ou marcante. Um aspecto que se destaca a respeito do "jeitinho" é o fato ser percebido como algo, por vezes, benéfico individualmente – para o cidadão que consegue algum benefício especial mediante as leis e regras impessoais –, mas que constitui, em geral, algo negativo para o país, na medida em que favorece a instabilidade e o descrédito institucional.

PLANEJAMENTO

Em função da grande instabilidade econômica e política que o país vivenciou décadas atrás como resultado de diversos planos e pacotes econômicos e das trocas constantes de governo e governantes, o planejamento – seja das atividades diárias ou das metas estratégicas da organização – não pôde se instaurar no país como prática constante. O gestor estava mais orientado à execução e à resolução dos problemas de curto prazo – pois o futuro era algo por demais imprevisível –, sem preocupações com estruturações e organizações detalhadas e profundas das atividades. Historicamente, portanto, as organizações no Brasil encontram dificuldades para realização do planejamento tanto estratégico como das atividades do dia a dia, em função da necessidade de ações de caráter pragmático, imediatista e de curto prazo. A falta de planejamento é tradicionalmente vista como um traço cultural histórico.

No entanto, com a abertura econômica e a inserção do Brasil no contexto internacional de negócios, a utilização de técnicas de planejamento – tanto das atividades diárias quando das estratégias – vem aumentando. A possibilidade de estruturação das atividades elevou-se. Este crescimento foi e é possível em função da recente estabilidade econômica e política do país. A gestão tornou-se mais previsível e controlável. É importante notar, no entanto, que o planejamento cresceu historicamente, mas que, comparativamente a outros países, sua utilização ainda é reduzida.

GESTÃO DO TEMPO

"Pra mim as pessoas aqui têm hora para começar uma reunião, mas não têm hora para terminar. Elas começam falando uma coisa, vão para outra, e outra, e talvez voltam para o assunto inicial. Têm pouca disciplina com esse tipo de coisa. Não é boa a disciplina com reuniões" (Gerente Sênior, Sul-africano, Empresa Multinacional do Ramo Automobilístico).

Hall (1959, 1960, 1977) faz uma distinção importante sobre o relacionamento das culturas com o tempo (Quadro 7). Segundo ele, as culturas dividem-se em monocrônicas e policrônicas. No primeiro caso, o tempo é visto como um elemento limitado, tido como algo finito que é utilizado e gasto. Gestores de culturas monocrônicas tendem a ser pontuais e a gastar o tempo de maneira produtiva. No segundo caso (caso do Brasil), o tempo é tido como ilimitado, pode ser expandido para agregar todas as atividades e diversas tarefas podem ser realizadas simultaneamente. As reuniões, neste caso, são fragmentadas, repletas de interrupções e de diversos assuntos sendo discutidos ao mesmo tempo. Este comportamento reflete a importância das relações pessoais em culturas policrônicas como a do Brasil, em contrapartida a uma orientação para as tarefas, existente nas monocrônicas.

Hall (1959, 1960, 1977) também diferencia as culturas em relação à linguagem. Faz distinção entre culturas de baixo e de alto contexto. No primeiro caso, a comunicação é direta, clara e explícita. Os indivíduos ou as situações não são relevantes para o discurso. Todos devem entender a mensagem e possuir acesso a ela. No segundo caso (caso do Brasil), a comunicação depende dos indivíduos e das situações: é ambígua, implícita e sutil. A informação é compartilhada, mas alguns possuem informações privilegiadas. Muito é comunicado por meio daquilo que não é dito. A capacidade de "ler" a comunicação não verbal e a linguagem corporal nestas culturas é algo fundamental. Ambiguidades e sutilezas na comunicação são valorizadas e esperadas. Os traços da informalidade nas relações, do personalismo e do coletivismo revelam que as informações importantes são passadas por meio das redes informais, por vezes, mais poderosas do que a estrutura formal da organização. A desigualdade de poder faz com que os gestores gostem de manter e guardar informações importantes. Este comportamento, no entanto, restringe o potencial da delegação de tarefas, inibe a participação dos indivíduos nas decisões importantes e limita sua autonomia.

Quadro 7 Concepções de Hall acerca do tempo

Comportamento	Culturas monocrônicas	Culturas policrônicas
Relações interpessoais	Relações interpessoais estão subordinadas à agenda que se possui.	A agenda que se possui está subordinada às relações interpessoais.
Coordenação das atividades	A agenda coordena as atividades; os horários são rígidos.	As relações interpessoais coordenam as atividades; os horários são flexíveis.
Realização das tarefas	Uma tarefa por vez.	Diversas tarefas realizadas simultaneamente.
Pausas e tempo pessoal	Pausas e o tempo pessoal são algo sagrado e independem dos laços pessoais.	Pausas e o tempo pessoal são subordinados aos laços pessoais.
Estrutura do tempo	O tempo é inflexível; o tempo é algo tangível.	O tempo é flexível; o tempo é fluido.
Separação entre o tempo no trabalho e o tempo para aspectos pessoais	O tempo no trabalho é claramente separado do tempo para aspectos pessoais.	O tempo no trabalho não é claramente separado do tempo para aspectos pessoais.

| Percepção da organização | As atividades são isoladas da organização como um todo e são medidas pelo resultado em relação ao tempo (atividade por hora ou minuto). | As atividades estão integradas na organização como um todo e são medidas como parte das metas organizacionais. |

Fonte: Adaptado de Hall (1959, 1960, 1977).

A conjugação entre cultura policrônica e comunicação de alto contexto gera um traço importante da gestão no Brasil: o gerenciamento ineficiente do tempo. As postergações constantes de atividades, os atrasos em compromissos, a falta de disciplina no cumprimento das atividades dentro do prazo estabelecido e as frequentes e demoradas pausas para café, conversas informais e longos almoços são elementos constantes e comuns ao dia a dia da gestão no país.

Outro traço característico relacionado à gestão do tempo é a orientação ao curto prazo. Como coloca Ashkanasy (2004), o Brasil tende a possuir uma baixa orientação ao futuro. As ações e comportamentos, assim como as estratégias, tendem historicamente a estar mais orientados ao presente e aos ganhos e resultados imediatos. No entanto, no contexto pós-globalização a orientação ao médio e longo prazos vem gradualmente se integrando ao dia a dia da gestão.

ORIENTAÇÃO A RESULTADOS

"E por mais que ela [solução vendida] seja baseada numa relação de confiança, no mercado local, com a cultura local, no final de determinado período ela vai ser analisada de um ponto de vista financeiro. A orientação a resultados é cada vez mais uma realidade, mesmo aqui no Brasil" (Gerente Sênior, Brasileiro, Multinacional do Ramo de Tecnologia e Serviços).

O Brasil tem sido compreendido, tradicionalmente, como um país levemente inclinado a valores femininos. Valores como o apreço pelos relacionamentos familiares e sociais, lealdade, senso de pertencimento, simpatia e qualidade de vida permeiam historicamente as organizações no país (Hofstede, 1997, 2002; Barros e Prates, 1996; Urdan e Urdan, 2001; Alcadipani e Crubellate, 2003). No entanto, no contexto pós-globalização, a abertura à internacionalização impulsionou a incorporação de valores masculinos. Hoje, há considerável penetração de elementos como agressividade, competitividade, avanços rápidos na carreira, reconhecimento pelo desempenho e valorização dos ganhos pessoais. A orientação a valores masculinos parece estar crescendo, assim como a orientação aos resultados. Este é um traço ainda periférico comparativamente aos demais, mas vem se tornando gradualmente mais central nos últimos anos.

RELAÇÃO COM O PODER

> "Os trabalhadores brasileiros fazem do jeito que uma pessoa com cargo mais alto falou para eles fazerem, eles já sabiam de cara que o caminho não era por aí. Mas eles não falam [...]. O que pode se chamar também um pouco de 'sim senhor, sim senhor, sim senhor', de baixar a cabeça" (Gerente Sênior, Alemã, Consultoria Multinacional de Estratégia).

A relação que os brasileiros possuem com o poder é um elemento fundamental da gestão e decorre da história social e econômica do país. Há um fascínio geral pela autoridade e pelas posições de comando e um sentimento de desprezo pelas posições e atuações populares. Há a necessidade de ser especial e a aversão a ser uma pessoa comum. Os símbolos de poder e de autoridade são extremamente valorizados e podem constituir um fim em si mesmos. A grande desigualdade de poder, aliada ao excesso de respeito à autoridade e à postura de espectador, gera relações e organizações paternalistas. O gosto pelo poder e pelo comando ainda é forte no contexto pós-globalização. A seguir, cada traço que compõe a relação com poder é brevemente detalhado.

DESIGUALDADE DE PODER

> "Aqui, acho que a gente tem evoluído, mas a cultura empresarial de hierarquia ainda é muito ruim. O chefe tem a sala dele com a porta fechada e para poder falar com o chefe você tem que pedir pelo amor de Deus para secretária, por favor, se não for muito incômodo, se tiver uma brecha na agenda dele, para você ir falar com ele" (Gerente Sênior, Brasileiro, Empresa Multinacional do Ramo de Tecnologia e Serviços).

A pouca noção de igualdade na sociedade brasileira reflete-se na grande disparidade de poder existente entre os grupos sociais no país. Para discorrer sobre o traço da concentração de poder na cultura brasileira, Barros e Prates (1996) e Barros (2003) recorrem à descrição dos regimes políticos que existiram no país desde a época da monarquia. Os autores comentam que a história do Brasil revela um país que utilizou, no decorrer de sua formação, instrumentos como a força militar e argumentos racionais e legais para moldar uma sociedade baseada na autoridade e na concentração de poder, o que levou à predominância de relações fortemente baseadas na hierarquia e na subordinação.

Ao propor alguns traços que caracterizam a "alma brasileira" e que permeiam as organizações no Brasil, Freitas (1997) destaca o traço da hierarquia. Segundo o autor, a hierarquia pode ser caracterizada pela tendência à centralização do poder dentro dos grupos sociais, pelo distanciamento das relações entre diferentes grupos sociais e pela passividade e aceitação desta situação pelos grupos inferiores.

No contexto pós-globalização, a desigualdade de poder permanece forte e ainda bastante presente. Pode ser encontrada na grande distância existente entre as pessoas, que por sua vez se manifesta no elevado grau de hierarquização das estruturas organizacionais no país, como sugeriram Hofstede (1997, 2001), Barros (2003), Barros e Prates (1996), Freitas (1997) e Motta (1996). A forte presença de outros elementos, como a importância do poder e do *status* e o medo de autoridade, reforça a existência acentuada da desigualdade de poder. Particularmente, o medo da autoridade é um elemento de destacada presença. Comportamentos como passividade, aceitação e submissão ainda são características fundamentais no dia a dia das organizações.

AUTORITARISMO

"O brasileiro ainda tem medo da autoridade. Ele pode até saber o que deve fazer. Mas ele pensa, não vai funcionar por causa disso. Eu tenho como alternativa B, C e D. Eu gostaria de fazer C. Ele não necessariamente vai sair fazendo. Ele vai pedir autorização primeiro. Ele vai ter medo de, por iniciativa própria, sair fazendo" (Diretor, Brasileiro, Consultoria Multinacional do Ramo de Tecnologia e Serviços).

O autoritarismo evidencia o alto grau de autoridade depositada nas pessoas em posições hierarquicamente superiores. Reflete o elevado e por vezes excessivo respeito ao poder. Revela, ainda, a necessidade de dar ordens e o gosto histórico pelo "mandonismo" (Barros e Prates, 1996). Mesmo no contexto pós-globalização o autoritarismo é ainda um traço forte no Brasil e, como comentaram Hofstede (1997, 2001) e Davel e Vasconcelos (1997), está bastante vinculado à submissão e à docilidade dos funcionários, elementos que podem ser encontrados no traço da postura de espectador.

POSTURA DE ESPECTADOR

"Se é um tema que o *top management* quer que seja discutido, ouvido, que eles consideram que outros têm que ser envolvidos, então eles chamam um monte de gente. Chamam mais um monte que precisa ser envolvida e qualquer reunião que na Europa teria 4 ou 5 pessoas já tem 12. E é uma confusão [...]. A reunião gera reunião, e chama mais pessoas pra fazer a reunião e nunca ninguém decide nada. É a desresponsabilização" (Gerente Sênior, Português, Consultoria Multinacional de Estratégia).

Barros e Prates (1996) argumentam que o Brasil carrega em sua formação o gosto pelo mandonismo, pelo protecionismo e pela dependência. Há uma falta histórica de processos de diálogo: a comunicação teria sido tradicionalmente feita por meio de "comunicados" ao povo, o que pode ter resultado não somente na falta de respostas e de argumentações, mas na falta de senso crítico. A postura de espectador seria caracterizada pelo mutismo, pela baixa capacidade crítica, pela baixa capacidade de iniciativa, de realização por autodeterminação e pela constante transferência de responsabilidade para as autoridades. No contexto pós-globalização, a postura de espectador ainda é bastante presente e revela-se um componente característico da relação dos indivíduos com o poder.

PATERNALISMO

"Os americanos tomam decisões sobre pessoas de forma extremamente mais racional do que a nossa. Às vezes você tem que fazer uma mudança dentro de uma área, mas ela nunca acontece. E você depois descobre que a pessoa que deveria ter promovido essa mudança, tomado essa decisão, não tem coração pra fazer isso. Enquanto que o americano não tem muito isso. As decisões são mais racionais" (Gerente, Brasileiro, Empresa Multinacional do Ramo de Tecnologia e Serviços).

Davel e Vasconcelos (1997) discutem o paternalismo fazendo para isso uma reflexão histórica sobre a dimensão paterna nas relações de trabalho. Recorrem a características do passado colonial e do processo de industrialização do país para retratar um sistema empresarial brasileiro centrado na figura do pai–patrão. Entre os tópicos que discutem estão (i) a forte presença do colonizador por meio da imposição de sua cultura, devido à ausência de um povo com demandas de cidadania; (ii) a presença de uma lógica de dominação, de hierarquia social e de exploração do trabalhador; (iii) o processo de socialização pelo qual passou a sociedade brasileira, que favoreceu atitudes como a ausência de respeito por tudo o que é popular; (iv) o corte social profundo existente entre as elites e o povo e (v) o desenvolvimento de um tipo de estrutura familiar autoritária e centralizada na figura paterna.

Os autores discutem de maneira mais profunda como o processo de industrialização brasileiro influenciou a construção de um modelo organizacional centrado na figura do pai–patrão. Comentam que, nos tempos da industrialização promovida por Getúlio Vargas, constituiu-se uma clara ambiguidade: a vivência de um momento de modernidade material e tecnológica, mas que tinha como "motor" trabalhadores presos a um imaginário social cujos núcleos centrais ainda eram compostos pela figura paterna plena de autoridade e poder. Ou seja, a estrutura familiar do tipo patriarcal que se consolidou ao longo da história do país teria sustentado uma hierarquia do tipo piramidal, em que o poder se fazia exercer por meio de ordens e de um sistema disciplinar rígido, destinado a produzir docilidade, submissão, obediência e respeito à autoridade.

Também tomando por base a formação histórica do país, Barros e Prates (1996) descrevem o traço do paternalismo a partir do patriarcalismo e do patrimonialismo. O primeiro diz respeito à postura supridora e afetiva do pai que atende àquilo que os membros do grupo esperam dele, e o segundo refere-se à postura hierárquica e absoluta do pai que impõe sua vontade ao grupo, com a aceitação deste último. Ou seja, o paternalismo sugere uma relação em que o pai (superior), ao mesmo tempo em que controla o subordinado e dirige ordens a ele (relação econômica), também o agrada e protege (relação pessoal) (Freitas, 1997). Neste sentido, estabelece-se uma relação de dependência entre líderes e liderados, com aceitação mútua desta situação (Barros e Prates, 1996).

O paternalismo configura-se como uma estratégia efetiva de controle dos indivíduos, na medida em que combina na figura do patrão as virtudes da autoridade e da firmeza com a cordialidade e a generosidade. O estilo paternalista de gestão procura promover um clima agradável de camaradagem, cooperação e solidariedade, operando por meio de uma troca: um relacionamento direto e próximo dos líderes com os empregados, incluindo a distribuição de ajuda e de favores, enquanto a mediação em situações conflituosas gerando em contrapartida a lealdade e a gratidão do empregado (Davel e Vasconcelos, 1997). O paternalismo sobrevive imbricado nas relações sociais e organizacionais mesmo no contexto pós-globalização. Permanece como um traço fundamental da gestão no país e decorre da convivência dos traços da desigualdade de poder, do autoritarismo, da postura de espectador e do personalismo.

RELAÇÃO COM O AMBIENTE

"O brasileiro ainda olha pra cima quando vem o executivo da América do Norte ou da Europa. Ele tem excesso de respeito. Ele imagina que os americanos ou os britânicos sabem de alguma coisa que os brasileiros não sabem" (Diretor, Brasileiro, Consultoria Multinacional do Ramo de Tecnologia e Serviços).

Dois traços relativos ao ambiente das organizações são fundamentais para a compreensão do Modelo Contemporâneo da Gestão à Brasileira. Em função de sua história, a cultura brasileira "aprendeu" que aquilo que vem de fora é mais importante e melhor que aquilo que há no país. É o fascínio pelo estrangeiro, ou a plasticidade. Por este motivo, com a abertura econômica nos anos 1990, o país tornou-se receptor de referenciais de gestão, que tomou como verdade sem questionamentos ou adaptações às características locais. Recentemente, no entanto, esta postura impensada se transformou. O gestor brasileiro começou a valorizar aquilo que desenvolve localmente e percebeu que poderia até "exportar" conhecimento. O estrangeiro já não é tão fascinante assim. Também em decorrência de sua história e geografia, a cultura brasileira é heterogênea, plural. Há a dificuldade até mesmo de se definir um "caráter nacional". A pluralidade é um traço que dificulta a visualização de um estilo brasileiro homogêneo, mas que revela toda riqueza e complexidade embutidos na diversidade. A seguir, os dois traços são brevemente comentados.

PLASTICIDADE

"Acho que a gente aceita as práticas americanas. Ah, o cara é americano, ah, o cara é estrangeiro. A gente tem o mito de que o estrangeiro é melhor do que a gente. Isso existe. E não é, é tão errado e certo quanto. É igual, mas a gente tem esse mito de que o estrangeiro é melhor" (Gerente Sênior, Brasileiro, Empresa Multinacional do Ramo de Eletrodomésticos).

A plasticidade é um traço fundamental da gestão no Brasil. Em geral, traduz a valorização do que é estrangeiro e o menosprezo pelo que é brasileiro. Pode chegar a ser entendida como negação da "brasilidade" (Motta, Alcadipani e Bresler, 2001). Na gestão das organizações, significa a tendência a mirar modelos e conceitos que tiveram sucesso fora do país, em detrimento de soluções desenvolvidas no contexto local.

Para melhor compreensão da considerável permeabilidade do Brasil aos modelos e conceitos de gestão importados, devem ser considerados (i) os aspectos das formações histórica, cultural e econômica do país, (ii) os aspectos relacionados à globalização econômica mundial e (iii) a forte pressão de modismos gerenciais internacionais (Wood e Caldas, 1998).

As raízes históricas do Brasil revelam um país que viveu a implantação de um modelo de colonização extrativista exploratório, por meio do qual referenciais europeus foram transplantados de maneira impositiva e sem negociação. Como resultado, o povo brasileiro não desenvolveu um caráter próprio forte e único. As raízes culturais brasileiras indicam uma cultura multifacetada, plural e complexa, que recebeu influências do português, do francês e, mais recentemente, do norte-americano, contribuindo para a grande permeabilidade da cultura nacional aos modelos estrangeiros. As raízes econômicas estão relacionadas ao processo de industrialização da Era Vargas no final dos anos 1950 e às forças a favor da internacionalização econômica no pós-guerra, que possibilitaram ao Brasil a exposição aos padrões artísticos, estéticos, de consumo, de cultura e de gestão e tecnologia de países mais industrializados no período.

As influências contemporâneas da globalização, como o aumento da presença de multinacionais e a necessidade de integração do país à economia mundial, somadas a características econômicas internas do período – a década de 1990 –, como a recente abertura econômica, a flexibilização das regras de investimentos e importação e o baixo custo da mão de obra no país, configuraram um quadro bastante receptível às influências estrangeiras.

Neste mesmo período, conceitos e modelos internacionais de gestão foram difundidos por meio de agentes como escolas de negócios (brasileiras e estrangeiras) e gurus de gestão empresarial, adquirindo *status* normativo e passando a ser amplamente adotados no Brasil (Motta, Alcadipani e Bresler, 2001; Serva, 1992, *apud* Caldas, 1997). Esta adoção, no entanto, não contribuiu necessariamente para ganhos em eficiência e desempenho organizacional, configurando adoções impensadas e em caráter meramente cerimonial (Caldas, 1997; Motta, Alcadipani e Bresler, 2001; Scott, 1987; Dimaggio e Powell, 1983; Caldas e Wood,1995).

No contexto pós-globalização, o traço da plasticidade ainda está bastante presente. A tendência à valorização excessiva daquilo que é estrangeiro e certo menosprezo pelo que é brasileiro permanece. Permanecem as adoções acríticas, sem reflexão sobre a adequação das práticas à realidade local, além das adoções "só para inglês ver". No entanto, hoje se reconhece também o crescimento de comportamentos mais críticos e reflexivos. A gestão assume um posicionamento progressivamente mais reflexivo e começa a perceber que as práticas, ferramentas e modelos desenvolvidos localmente possuem grande valor. Torna-se cada vez mais forte a noção de que os brasileiros devem dar mais valor àquilo que é desenvolvido localmente, inclusive porque muitas práticas e ferramentas podem ser "exportadas" a outros contextos de gestão como referenciais valiosos.

PLURALIDADE

"Há uma diversidade muito grande de empresas brasileiras. E elas são completamente diferentes. Nos EUA essa diferença é menor. O ambiente brasileiro é muito diverso. Há muita diversidade dentro das indústrias, depende muito da indústria..." (Gerente Sênior, Brasileiro, Multinacional do Ramo de Construção Civil).

Com base no pressuposto de que a cultura de uma organização carrega muito da cultura da nação em que se insere, Freitas

(1997) argumenta ser necessário, para a compreensão da cultura organizacional no Brasil, o entendimento da cultura nacional com base nas raízes brasileiras. O autor argumenta que o Brasil é um país culturalmente heterogêneo, contraditório e diverso e que, por este motivo, qualquer análise cultural tende a ser extremamente diversificada em suas abordagens e formas. O Brasil caracteriza-se como um país receptor de diversas culturas imigrantes, que contribuíram para a formação da sociedade brasileira e para sua caracterização como uma sociedade híbrida. Dificilmente se pensa a cultura brasileira como homogênea e uniforme, e a admissão de seu caráter plural é o primeiro passo decisivo para compreendê-la. A cultura brasileira abarca culturas ibéricas, indígenas e africanas, além de culturas mais recentes, como as de imigrantes italianos, alemães, judaicos e japoneses. E a essa já significativa diversidade cultural poderiam ser somadas ainda as diferenças regionais existentes entre as culturas nordestina, gaúcha, amazonense e paulista, por exemplo (Freitas, 1997; Bosi, 1992).

Motta (1996) soma ao caráter plural, heterogêneo, diverso e contraditório da cultura brasileira a noção de que o país pode ser compreendido como uma "terra de contrastes". Tomando Calligaris como base, o autor sugere que a experiência brasileira deve ser interpretada como fruto das posições econômica, política e cultural que fizeram do país, ao longo de sua história, uma nação ao mesmo tempo moderna – com características como individualismo, racionalidade e capitalismo – e pré ou antimoderna – carregada de traços como personalismo, patriarcalismo, afetividade, entre outros.

Paralelamente à pluralidade cultural intrínseca ao Brasil e derivada de suas raízes históricas, as organizações que atuam no país possuem culturas organizacionais distintas, que variam também em função de sua estrutura de capital, da região em que se localizam e do segmento de atuação.

No primeiro caso, há grandes diferenças no estilo de gestão de cada organização, vinculadas ao fato de a empresa ser originariamente brasileira ou multinacional, por exemplo. Se ela for brasileira, em geral será de origem familiar, e o estilo de gestão será desenvolvido em torno da figura de seu fundador. Se for multinacional, haverá geralmente forte influência da cultura nacional da matriz, sendo a fronteira de influência entre a cultura brasileira e a cultura da nacionalidade da organização matriz algo nebuloso e impreciso. Deve-se reconhecer, neste caso, a dificuldade em se determinar qual das culturas prevalece ou se um híbrido é formado com base nelas.

O segundo aspecto importante é a região em que a empresa atua. A cultura organizacional varia em função do posicionamento geográfico da organização. Dentro de uma mesma *holding*, por exemplo, a filial localizada no nordeste ou no norte do Brasil possui um estilo de gestão diferenciado daquele da filial situada no sul ou no sudeste, por exemplo. Pode-se pensar que a cultura regional também funciona como determinador da cultura organizacional e do estilo da gestão.

O terceiro aspecto importante é a indústria e o segmento de mercado. Ambos são fatores determinantes da cultura organizacional e do estilo da gestão. A pluralidade de segmentos de mercado – de alta renda ou baixíssima renda, por exemplo – exige estilos de gestão diferenciados. As características e condições da indústria, por sua vez, também requerem estilos distintos, em função, por exemplo, de seu estágio de crescimento ou do tipo de produto envolvido – produtos de alta tecnologia que demandam inovações e mudanças constantes ou produtos já consolidados que demandam poucas alterações ao longo do tempo.

Os aspectos acima comentados evidenciam a dificuldade de visualização de uma cultura homogênea (Freitas, 1997; Bosi, 1987) e a importância da pluralidade como traço marcante da cultura nas organizações no país.

capítulo 6
O Modelo "Glocal"

Uma reflexão mais aprofundada sobre os traços culturais brasileiros permite visualizar a coexistência de dois grandes grupos de elementos. Por um lado, é possível observar que o ambiente político, econômico e institucional no Brasil ainda é visto como instável, imprevisível e, muitas vezes, não confiável. É possível perceber, também, que o trabalho e a realização das tarefas ainda são fortemente permeados pela escassez de planejamento frequente e constante, pela fraca presença de regras e procedimentos que regulam as atividades, pela forte capacidade de adaptação dos indivíduos e organizações a situações inesperadas, pela grande capacidade de exercício da criatividade diante das situações novas e pela constante orientação para a resolução de questões de curto prazo. Ou seja, a falta de organização e de planejamento do trabalho ainda configuram um estilo de gestão desestruturado, desorganizado e permeado pela capacidade de criatividade e improvisação. As relações interpessoais e as relações que as pessoas possuem com o poder, por sua vez, evidenciam, por meio da conjugação de traços como a desigualdade de poder, hierarquia, autoridade, personalismo, necessidade de evitar conflitos, lealdade pessoal e cordialidade, um estilo paternalista de gestão. Este estilo dirige o foco da gestão mais para as pessoas e menos para os resultados organizacionais. O fato de o Brasil ter se mantido econômica e comercialmente fechado por muitos anos também indicou que o país se manteve afastado de outras culturas de gestão, gerando um estilo paroquial, como definido por Adler (2002). O indivíduo ainda é visto como alguém que prefere transferir responsabilidade aos superiores, que evita conflitos, que não trabalha por autodeterminação e que, muitas vezes, não possui boa formação. A admiração que o brasileiro possui pelo que é estrangeiro, em detrimento do que é desenvolvido localmente, é tradicionalmente excessiva e ainda persiste. Este grupo de elementos configura a gestão das organizações no Brasil como algo pré-moderno ou antimoderno, como comentado por Motta (1996).

Por outro lado, a partir das décadas de 1980 e 1990, o Brasil abriu-se à globalização e à necessidade de internacionalização dos negócios. Houve a abertura econômica, o país passou a importar referenciais estrangeiros em grande quantidade, recebeu subsidiárias de multinacionais e executivos de diversas origens e adotou referenciais e práticas de gestão desenvolvidos em culturas estrangeiras. Houve maior internacionalização de indivíduos, e os gestores brasileiros tornaram-se mais abertos e cosmopolitas. Neste sentido, houve uma sofisticação do gestor, o que gerou, por vezes, um choque entre as gerações mais novas e aquelas mais antigas. Há recentemente um direcionamento maior para resultados e desempenho organizacional, assim como para as dimensões mais objetivas da gestão. Dentre elas, sistematizações, padronizações e crescimento – em termos históricos – da utilização de técnicas de planejamento, em conjunção com a percepção de aumento da estabilidade no contexto político-econômico do país. Com relação aos referenciais estrangeiros, a curiosidade e a abertura para conhecê-los permanecem e são necessárias, mas sua utilização de fato só se dá na medida em que puder ser adequada e adaptada às necessidades locais. Ou seja, há o desenvolvimento crescente de um olhar mais crítico em relação a essas práticas e referenciais estrangeiros e da valorização das práticas desenvolvidas localmente. Muitas delas deveriam até mesmo ser exportadas para outros contextos, devido à grande eficiência, eficácia e inovação que demonstram. Este grupo de elementos direciona a gestão das organizações para uma modernização no sentido de acompanhamento e incorporação mais intensa e ao mesmo tempo mais crítica daquilo que acontece além das fronteiras do país. Estes elementos configuram uma gestão mais moderna e internacionalizada.

A coexistência dos dois grupos de elementos indica que convivem no Brasil traços marcantes da cultura local e elementos ditos mais modernos e originários de outros contextos, "mais desenvolvidos e avançados". O primeiro grupo representa aquilo que é tradicional e marcante e remete a um estilo mais paternalista, paroquial e pré-moderno de gestão. O segundo reflete os valores que foram trazidos via globalização e internacionalização dos negócios – um estilo mais "atual". Tradicionalmente, essa conciliação entre o que é global e o que é local é considerada um paradoxo importante com o qual as organizações hoje em dia devem lidar. As teorias mais conhecidas a este respeito apontam os caminhos mais comuns: a adoção de uma posição equilibrada entre os polos – global ou local – ou a opção por um dos polos, em função de fatores externos ou de circunstâncias internas (Cunha e Cunha, 2000).

No caso do Brasil, uma reflexão mais aprofundada indica que a posição das organizações diante desse paradoxo – global *versus* local – não é a do simples equilíbrio entre referenciais globais e "atuais" e necessidades e valores locais. Há o acompanhamento dos referenciais mais modernos da gestão internacional, mas estes não são simplesmente adaptados. Estaria nascendo um posicionamento que indica mais que um simples equilíbrio entre dois polos: uma transformação e uma ressignificação daquilo que é global com base na consideração efetiva dos valores marcantes da cultura local. Esta transformação e ressignificação representam a síntese entre uma tese – valores tradicionais da cultura local – e uma antítese – valores "atuais" do mundo globalizado – numa relação dialética, conforme Cunha e Cunha (2000).

Portanto, no contexto pós-globalização, o estilo brasileiro de gestão é constituído ao mesmo tempo por elementos tradicionais e por elementos advindos do novo contexto econômico e comercial nacional e internacional. Neste sentido, a gestão hoje busca incorporar o "novo" ao antigo e tradicional, constituindo-se, a partir daí, como uma síntese ressignificada dessas características. Como apontado por Cunha e Cunha (2000), Cunha (2005), Svensson (2001) e Hermans e Kempten (1998), esta síntese ressignificada permite a atuação de elementos globais em suas manifestações locais, configurando o estilo brasileiro atual como "glocal". A Figura 4 abaixo ilustra esse movimento:

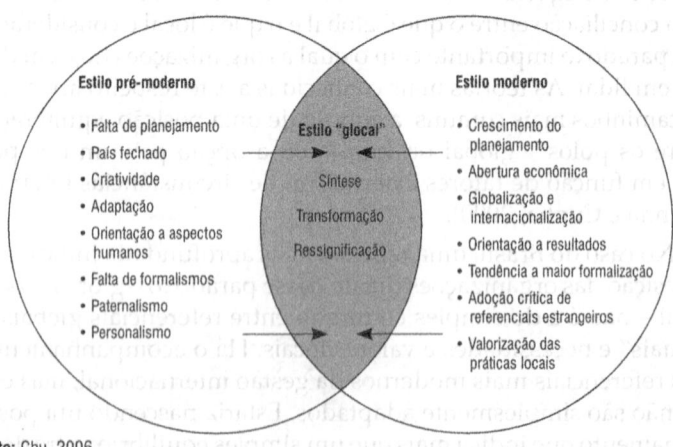

Estilo pré-moderno
- Falta de planejamento
- País fechado
- Criatividade
- Adaptação
- Orientação a aspectos humanos
- Falta de formalismos
- Paternalismo
- Personalismo

Estilo "glocal"
Síntese
Transformação
Ressignificação

Estilo moderno
- Crescimento do planejamento
- Abertura econômica
- Globalização e internacionalização
- Orientação a resultados
- Tendência a maior formalização
- Adoção crítica de referenciais estrangeiros
- Valorização das práticas locais

Fonte: Chu, 2006.

Figura 4 Modelo "Glocal": Síntese Ressignificada entre o Global e o Local

DO PAROQUIALISMO AO HIBRIDISMO

A situação revelada pela Figura 4 é complexa e sugere também que a gestão praticada hoje é caracterizada por três elementos essenciais: o caráter transitório, o hibridismo e a ressignificação.

O caráter transitório refere-se a um sistema cultural em transformação, cuja dinâmica evolutiva possui como vetores principais as forças para a globalização e internacionalização dos negócios (e, consequentemente, as pressões para adoção de práticas internacionais de gestão) e as condições institucionais e culturais do país (que frequentemente constituem barreiras à adoção de práticas internacionais de gestão e que buscam preservar o local). O caráter transitório também está contido no fato de que a relação entre esses dois polos (o global/internacional e o local) é dialética. Esta definição, por si só, contém movimentação e embute um caráter dinâmico aos traços culturais e ao estilo de gestão praticado.

Com relação ao caráter híbrido, vale a pena retomar e comentar alguns aspectos conceituais essenciais sobre o tema.

O termo "híbrido" foi primeiramente associado à identidade organizacional, referindo-se à ideia de organizações que têm sua identidade construída em função da justaposição de sistemas de valores distintos. O termo refere-se à convivência de opostos por vezes antagônicos, mas que podem "coexistir" e apresentar complementaridades (Albert e Whetten, 1985). O termo também foi utilizado para caracterizar e especificar conjuntos organizacionais compostos de recursos, estruturas e sistemas originados em organizações distintas (Borys e Jemison, 1989). Schein (1992), por sua vez, utilizou o termo "híbrido" para designar situações em que indivíduos socializados em determinado sistema social exercem suas atividades em outro sistema ou organização.

A noção de hibridismo, por sua vez, está relacionada à ideia de junções e interações de culturas originariamente distintas, que formam um todo ao mesmo tempo coerente e fragmentado.

Remete à formação de uma nova configuração cultural a partir da convivência simultânea de elementos destas culturas anteriormente distintas (Burke, 2003; Canclini, 2003). A ideia de hibridismo remete também ao contexto pós-moderno, que permite a compreensão das organizações a partir dos seus múltiplos fragmentos. Mais do que isso, neste contexto, os hibridismos organizacionais podem ser entendidos como resultantes da convivência de elementos pré-modernos, modernos e pós-modernos (Boje, 2002).

A ideia de hibridização está bastante calcada em Canclini (2003). O autor utiliza o termo para se referir às mesclas culturais que se formam por meio do contato das culturas locais com referenciais estrangeiros em consequência da internacionalização dos negócios, do aumento dos fluxos migratórios e da expansão dos processos de comunicação. É uma noção de cultura que admite a justaposição e a combinação do tradicional com o moderno, de conteúdos pré-modernos, modernos e pós-modernos. O termo torna-se extremamente importante no cenário pós-globalização, pois sugere uma lógica de convivência de opostos e não de segregação e incompatibilidade de elementos aparentemente contraditórios. A noção de hibridização pode ser definida como

> processo de transformação da formação social em que se verifica o surgimento de novas configurações e fragmentos organizacionais únicos, em movimento contínuo, derivado da tensão entre forças de origens e direções variadas (Steuer, 2006).

No caso do Brasil, o movimento de incorporação do global ao local ajusta-se à ideia de hibridização e está associado à importação de referenciais estrangeiros praticada pelo país durante o processo de inserção na economia global (Wood e Caldas, 1998). A hibridização no Brasil também está vinculada a processos de mudança organizacional em que a substituição dos elementos organizacionais (por exemplo, sistemas, estruturas, estratégias, tecnologias, culturas) não ocorre por completo, gerando uma formação social fragmentada, heterogênea e múltipla (Calás e Arias, 1997). São exemplos de formações organizacionais híbridas as entidades que combinam elementos da administração pública e características de empresas privadas com fins lucrativos e as organizações que combinam aspectos democráticos e burocráticos (Aschcraft, 2001).

O hibridismo brasileiro é, portanto, fruto do caráter transitório e representa a convivência entre elementos de gestão pré-modernos e modernos. Mais especificamente, significa a convivência de traços culturais cuja visão atual (pós-globalização) mantém-se igual à visão anterior (pré-globalização), como, por exemplo, a desigualdade de poder, a flexibilidade, o autoritarismo e traços cuja visão atual difere (havendo ressignificações) da visão anterior como, por exemplo, o planejamento, o formalismo e a plasticidade. Esta convivência: (i) indica a justaposição de sistemas de valores nacionais e internacionais (aparentemente antagônicos), como comentou Albert e Whetten (1985); (ii) remete a uma nova configuração cultural, originada pela identificação simultânea de elementos de culturas anteriormente distintas (nacionais e internacionais), como colocaram Burke (2003) e Canclini (2003); (iii) aponta a não substituição integral dos sistemas locais pelos internacionais (Calás e Arias, 1997; Canclini, 2003); (iv) evidencia a importação de referenciais estrangeiros e a convivência com referenciais nacionais (Caldas e Wood, 2000); e (v) dá lugar a uma formação social e organizacional fragmentada, heterogênea e múltipla, como indicou Calás e Arias (1997) e Steuer (2006).

A ressignificação que alguns traços apresentam (Quadro 8) é fruto destas duas dinâmicas – originadas pelo caráter transitório e pelo hibridismo – e implica em constantes alterações nos traços culturais. Grande parte destas ressignificações representa a atuação de elementos globais em suas manifestações locais

(Hermans e Kempten, 1998) – por exemplo, a noção do "jeitinho" como um comportamento pouco profissional ou amador, a maior orientação a resultados e ao planejamento organizacional e a crescente adoção de sistematizações e padrões operacionais e gerenciais superiores.

Quadro 8 Mudanças nos traços culturais brasileiros

Traço cultural	Visão anterior (Pré-globalização)	Visão atual (Pós-globalização)
"Jeitinho"	Flexibilidade e criatividade diante de barreiras ou situações imprevistas.	Ressignificação, com visão crítica: "jeitinho" como comportamento pouco profissional ou amador. Pode ser bom para o indivíduo, mas é ruim para a credibilidade do país.
Desigualdade do poder e hierarquia	Grande distância de poder entre indivíduos; prevalência de hierarquias rígidas.	Manutenção do traço: distância entre média a alta gerência; valorização do *status quo* e acomodação nas posições.
Flexibilidade	Capacidade de adaptação e criatividade; ajuste a diversas situações e capacidade de inovação; versatilidade.	Manutenção do traço: flexibilidade para mudanças frequentes; gestor brasileiro versátil; criatividade para soluções inesperadas.
Plasticidade	Fascínio por teorias e métodos importados.	Ressignificação: forte tendência à apreciação crítica e à valorização de práticas locais.
Personalismo	Valorização das relações pessoais em relação às competências técnicas.	Manutenção do traço.
Formalismo	Valorização de regras e procedimentos burocráticos; comportamentos de fachada e de faz de conta.	Ressignificação: reconhecimento da importância da adoção de padrões operacionais e gerenciais superiores.

Orientação a resultados	Foco na tarefa, no processo e nas pessoas; foco secundário no resultado.	Ressignificação: preocupação crescente com o desempenho e foco em metas.
Planejamento	Ênfase reduzida no planejamento; foco na execução.	Ressignificação: ênfase crescente no planejamento.
Gestão do tempo	Foco no curto prazo e gestão ineficiente do tempo.	Ressignificação: crescente preocupação real com o médio e longo prazos.
Autoritarismo	Submissão a posições de poder, respeito à autoridade.	Manutenção do traço.
Aversão a conflitos	Desconforto diante do confronto aberto.	Manutenção do traço.
Postura de espectador	Falta de autodeterminação; transferência e diluição de responsabilidades.	Manutenção do traço.
Cordialidade	Comportamento superficialmente amável e simpático.	Manutenção do traço: dificuldade em dizer não.

Fonte: Adaptado de Chu e Wood, 2008

capítulo 7

Dinâmica Cultural Brasileira

O Modelo Contemporâneo da Gestão à Brasileira (MCGB) representado pela Figura 3 ofereceu uma visão ao mesmo tempo abrangente e detalhada de cada grupo e o traço cultural da gestão. A figura pode fornecer ao leitor, também, a ideia de que o conjunto de traços é algo estático. No entanto, a constante relação entre contexto estrangeiro e local imprimem ao MCGB um caráter de constante transformação e ressignificação. A complexidade e riqueza do sistema cultural brasileiro atual é mais bem compreendida como um sistema dinâmico. Em seguida, comentaremos brevemente a dinâmica cultural produzida pelos traços e grupos de traços que compõem o MCGB (Figura 5).

O traço que desencadeia a dinâmica cultural é a plasticidade. A abertura econômica a partir da década de 1990, o engajamento do país no processo de globalização e a histórica permeabilidade àquilo que é estrangeiro desencadearam a entrada de referenciais estrangeiros no país. Antes de maneira acrítica, em função da necessidade de equiparação a padrões estrangeiros, hoje a incorporação se dá de forma mais criteriosa, reflexiva e ajustada às necessidades locais.

A incorporação e posterior adoção dos referenciais, no entanto, é balizada por dois importantes traços atuais: a pluralidade e o formalismo, que são, portanto, os moderadores dessa incorporação – ou não (*cluster* 1). A pluralidade da cultura brasileira, das culturas das organizações que atuam no Brasil, o regionalismo, o impacto da cultura da matriz no caso das multinacionais e a variável relacionada ao porte da organização retratam a heterogeneidade de culturas e estilos existentes. Revelam, principalmente, que a adoção de referenciais depende da conjugação destes fatores e que a pluralidade é algo que permeia as organizações de maneira diferenciada e singular. O formalismo atua como moderador, por um lado, quando permite a incorporação, a permanência e a consolidação de práticas que levarão a organização a patamares mais elevados de desempenho e profissionalização. Por outro lado, ele também atua como moderador, porque permite a incorporação de práticas que não necessariamente elevam os patamares de *performance*, mas que são necessárias à legitimação da organização e que resultam, portanto, em comportamentos de "fachada".

O *cluster* 2 é formado pela flexibilidade e pelo "jeitinho". A flexibilidade é uma característica marcante da gestão e do gestor brasileiros. Antes da abertura econômica, ela era vista como uma habilidade necessária para conviver com a instabilidade do contexto brasileiro. Hoje, continua presente, mas parece ter ganhado vida própria. É um traço do qual os brasileiros se orgulham e pelo qual são reconhecidos em outros contextos de gestão. Ambos possuem força catalisadora para incorporação de referenciais e influenciam diretamente a probabilidade de adoção e a velocidade com que ela é feita.

O *cluster* 3 é representado pelas relações pessoais. Este grupo não sofreu impactos bruscos com a globalização. Isto quer dizer que novas nuanças foram trazidas – principalmente para o personalismo –, mas as relações pessoais continuam a ser um dos principais pilares da gestão. Elas impactam profundamente a gestão e a incorporação de referenciais, pois são muitas vezes mais importantes que a realização das atividades. É um traço fundamental para compreender a gestão no Brasil. Dentro da dinâmica cultural, a importância das relações pessoais pode trazer certa vagarosidade à implementação das ações e comportamentos nem sempre sinceros (em função da cordialidade).

O *cluster* 4 reflete as relações com o poder. A desigualdade de poder, o autoritarismo e a postura de espectador são traços da gestão que permanecem relativamente intactos com a globalização. Ainda há uma grande divisão nas estruturas organizacionais no país entre a alta e média direção e o restante da organização. Enquanto os primeiros centralizam as decisões e cultivam símbolos de *status*, os segundos permanecem executores, com pouca autonomia e responsabilidades. Certamente a intensidade destas características pode variar dependendo da organização, no entanto, é certo que elas ainda permeiam a gestão de grande parte das organizações no país. A busca pelo poder em si, pelo *status* e pelas posições de autoridade movimentam a dinâmica cultural, pois transferem o foco para as relações em vez das tarefas. É claro que a visão de organização como sistema social *versus* orientação ao trabalho prevalece neste caso.

A conjunção dos *clusters* 3 e 4 faz permanecer o estilo paternalista na gestão. Ele é um aspecto histórico da cultura e da gestão e que permanece apesar da globalização e da incorporação de cultura de gestão estrangeira. O paternalismo, como estilo pré-moderno de gestão, convive com os estilos ditos mais "modernos" e ajuda a configurar a gestão no Brasil hoje como algo híbrido. O paternalismo pode trazer vagarosidade à dinâmica cultural, pois evidencia também a importância do aspecto humano inclusive para a obtenção de desempenho e resultados.

O quinto *cluster* é formado pela gestão do tempo, pelo planejamento e pela orientação a resultados. Claramente reflete aspectos da globalização na cultura brasileira. A gestão ineficiente do tempo ainda é algo que permanece, mas a possibilidade de planejamento e a orientação a resultados são cada vez mais significativas e uma realidade das empresas no Brasil. Este grupo pode ser visto como a "resultante" da dinâmica cultural. É um grupo de ação, que representa o quanto daquilo que é trazido de fora, depois de "filtrado", é direcionado para a prática e de fato incorporado à gestão. O crescimento do planejamento e da orientação a resultados fazem parte hoje do estilo de gestão praticado e são resultado da incorporação de valores estrangeiros na gestão local, do engajamento do Brasil na economia mundial e da consequente sofisticação da gestão no país.

A plasticidade funciona como um elemento central na transformação da cultura organizacional e do estilo brasileiro de gestão. Com base nela, no momento pós-globalização (a partir das décadas de 1980 e 1990), os traços culturais que definem o estilo sofreram maior ou menor grau de impacto. Alguns permaneceram quase inalterados, outros apresentaram ressignificações e novas nuanças, e outros, novos, foram incorporados dos contextos estrangeiros. A plasticidade permite a constante renovação do estilo brasileiro de gestão, hoje híbrido e "glocal". A singularidade do estilo brasileiro está, portanto, em seu caráter complexo, amorfo e dinâmico.

Cluster 2: Catalisadores

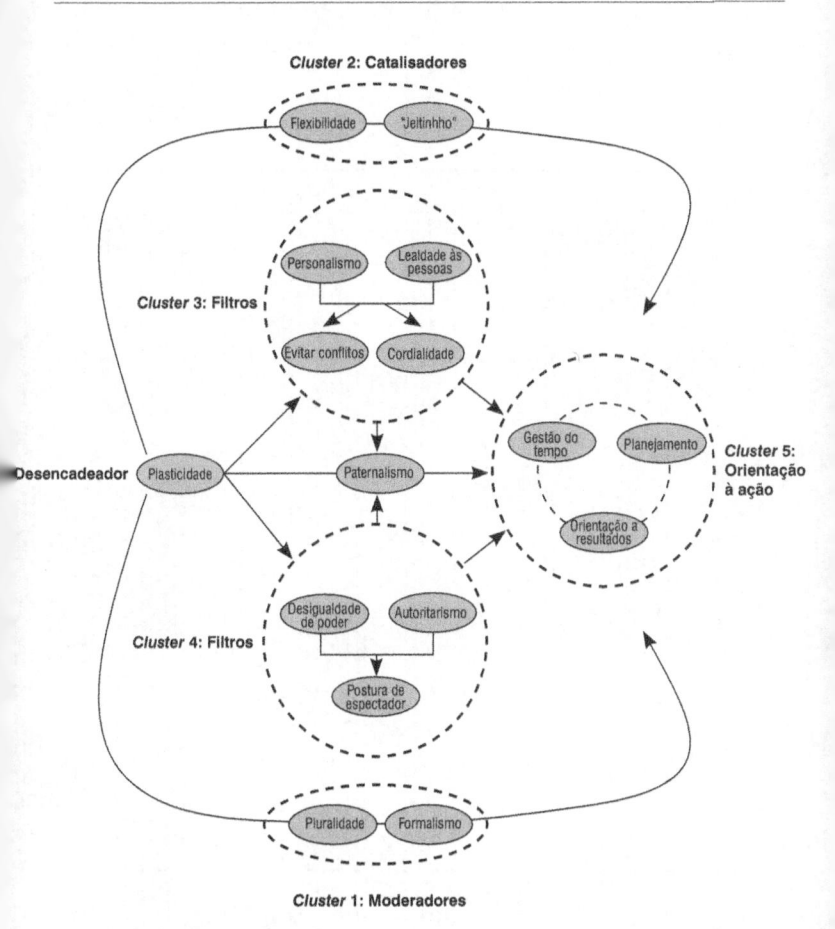

- Flexibilidade
- "Jeitinho"

Cluster 3: Filtros

- Personalismo
- Lealdade às pessoas
- Evitar conflitos
- Cordialidade

Desencadeador: Plasticidade

Paternalismo

Cluster 4: Filtros

- Desigualdade de poder
- Autoritarismo
- Postura de espectador

Cluster 5: Orientação à ação

- Gestão do tempo
- Planejamento
- Orientação a resultados

Cluster 1: Moderadores

- Pluralidade
- Formalismo

Fonte: Adaptado de Chu e Wood, 2007

Figura 5 Dinâmica Cultural Brasileira

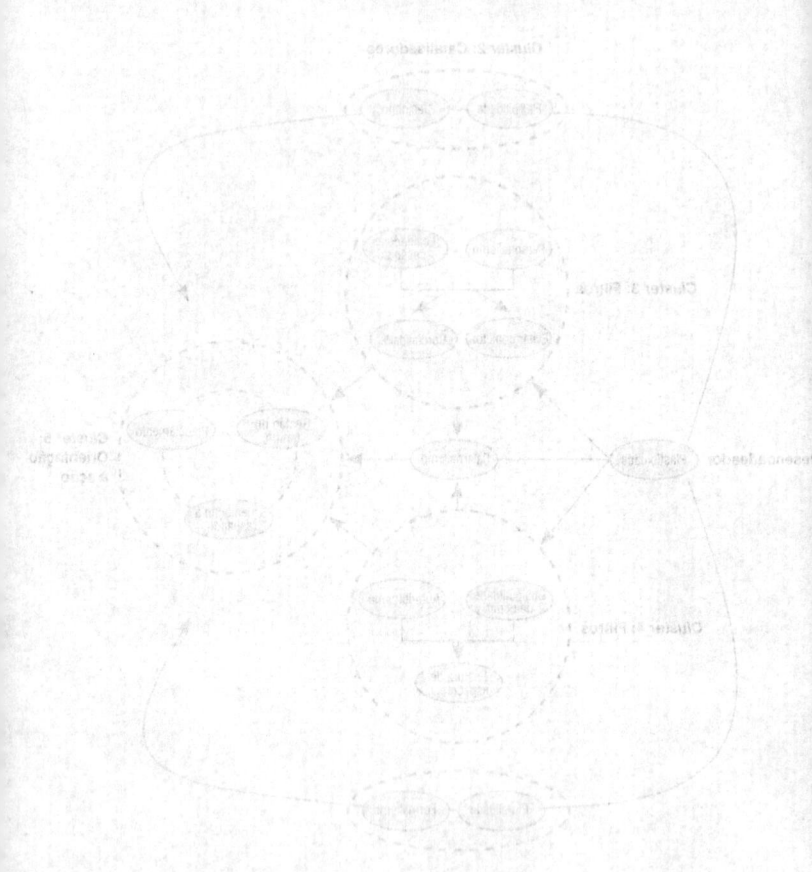

capítulo 8

O MCGB nas Dimensões Organizacionais

O MCGB impacta as principais dimensões das organizações, como a estratégia e a estrutura organizacional, os processos, o estilo de liderança e a gestão das pessoas. Uma combinação diferente dos traços impacta diferentemente partes destas dimensões. O reconhecimento deste impacto é fundamental para a compreensão das particularidades da gestão nas organizações no Brasil. A seguir, cada dimensão é comentada brevemente.

O MCGB E A ESTRATÉGIA ORGANIZACIONAL

O impacto dos traços culturais na estratégia revela alguns aspectos interessantes. A discussão é feita levando-se em consideração os seguintes elementos: o planejamento estratégico, o acompanhamento realizado, os tipos de informações considerados, as pessoas envolvidas, a forma como as decisões são tomadas e o horizonte de tempo e os planos de ação.

O planejamento da estratégia tende a ser impactado, primeiramente, pelo traço da desigualdade de poder. Ele revela que o planejamento estratégico tende a ser algo centralizado, à medida que é feito primordialmente pelas pessoas da cúpula da organização, pelos líderes, ou mesmo pelo fundador, sem a participação – ou com reduzida participação – dos liderados. O traço da gestão ineficiente do tempo leva a decisões tomadas apressadamente e de maneira superficial, isto é, sem as devidas reflexões e considerações. Com o crescimento da estabilidade do contexto nacional – institucional, econômico e político – nos últimos anos, uma maior orientação ao longo prazo vem sendo praticada. O planejamento em geral é um traço que cresce no dia a dia da gestão. Particularmente, as técnicas de planejamento estratégico vêm sendo aplicadas com maior frequência e habilidade, indicando crescente amadurecimento deste aspecto da gestão no Brasil.

Embora hoje haja maior estabilidade do contexto nacional, comparativamente ao histórico do país, a instabilidade ainda existe e deixa suas marcas na gestão. O acompanhamento daquilo que foi planejado estrategicamente é feito com reduzida regularidade. Em geral, diretrizes são colocadas, mas sua real implantação nem sempre acontece. Muitas organizações configuram estratégias importantes e grandiosas, mas que não são traduzidas em ações efetivas e que no dia a dia são esquecidas em favor de atividades operacionais – previstas ou não, sendo este último caso o mais frequente – que exigem a dedicação repentina, imediata e total do gestor. A postura de espectador impõe certa vagarosidade no acompanhamento e desresponsabiliza o indivíduo. Estes traços, conjugados com a tendência dos brasileiros em "se orgulhar" da capacidade de adaptabilidade e criatividade que possuem e com o gerenciamento ineficiente do tempo, contribuem para que o acompanhamento das estratégias desenhadas seja esporádico e não-sistemático. O traço da flexibilidade, no entanto, traz um aspecto positivo, fazendo com que os planos possam ser revistos e readaptados constantemente.

A forte influência do personalismo é percebida na obtenção das informações para formulação e acompanhamento da estratégia. Os relacionamentos pessoais próximos e afetivos e a necessidade de relações de confiança para fazer negócios levam a uma intensa troca de informações entre as pessoas neste processo. As pessoas tendem a confiar mais nas relações e nos outros indivíduos para a obtenção de informações importantes do que em documentos quantitativos formais ou informais. Em função do passado instável do país e do reduzido contato com outros referenciais de gestão anteriormente à abertura econômica, as organizações não têm um histórico longo de sistematização e padronização de informações e conhecimento. Desenvolveu-se então o costume de buscar informações em outras pessoas. O personalismo e a falta de formalismo histórico tornam a busca por informações algo subjetivo e qualitativo.

A desigualdade de poder, o autoritarismo, a necessidade de evitar conflitos e a postura de espectador são traços que impactam diretamente as pessoas envolvidas com a estratégia da organização. O campo da estratégia é tido como algo reservado ao topo da organização e aos *experts* – como "butiques" de consultoria estratégica. Os funcionários comuns possuem, quando isto acontece, a responsabilidade de implantar parte daquilo que foi pensado pelos líderes e, muitas vezes, em função da preferência pela transferência de responsabilidades e "culpa", até preferem que seja assim.

As decisões tomadas, mesmo que dentro da cúpula ou topo da organização, tendem a ser consensuais. O traço da necessidade de evitar conflitos permeia tanto as relações entre líderes e liderados, quanto as relações entre pares. Neste caso, também é evidente a postura de espectador dos indivíduos envolvidos e a prática comum da transferência de responsabilidades. O impacto que se cria em função das decisões na cúpula e da reduzida participação do restante é a falta de comprometimento com a implantação das decisões.

A orientação ao curto prazo ainda presente hoje (embora a estabilidade do contexto tenha crescido e a previsibilidade e o planejamento tenham aumentado) caracteriza o horizonte de tempo como predominantemente voltado ao imediatismo. A gestão ineficiente do tempo leva ao não cumprimento dos planos de ação e o formalismo pode revelar um excesso de cuidado que torna os planos demasiadamente complexos e sua implementação ineficaz. A orientação ao policronismo conduz à implantação simultânea – e não sequencial – dos planos de ação desenvolvidos. No entanto, a visão de médio e longo prazos é algo que cresce – mas as organizações carregam ainda a herança da instabilidade em seus modos de pensar e agir. O Quadro 9 abaixo resume estas ideias:

Quadro 9 Impacto do MCGB na estratégia

Elementos da estratégia	Traços culturais brasileiros	Impacto
Planejamento	• Desigualdade de poder • Planejamento (falta e crescimento do planejamento) • Gestão ineficiente do tempo	• Feito pela cúpula • Ainda há muito controle • Feito às pressas, sem a devida reflexão • Tende a tornar-se cada vez mais frequente
Acompanhamento	• Adaptabilidade, criatividade • Gestão do tempo (gerenciamento ineficiente) • Postura de espectador	• Planos podem ser adaptados/corrigidos constantemente • Esporádico/lento • Não há controle rígido • Desresponsabilização
Tipos e fontes de informações	• Personalismo • Formalismo (falta de formalismo)	• Subjetivas e qualitativas
Pessoas envolvidas	• Desigualdade de poder, autoritarismo • Postura de espectador • Evitar conflitos	• Topo ou cúpula da organização, líderes • Funcionários implementam quando isso acontece • Responsabilidade (assim como a culpa) é da cúpula

Decisões	• Desigualdade de poder, autoridade • Postura de espectador • Evitar conflitos	• Tomadas na cúpula ou topo • Consensuais • Baixo comprometimento
Horizonte de tempo e planos de ação	• Orientação ao curto prazo • Policronia • Gestão do tempo (gestão ineficiente) • Formalismo	• Curto • Introduzidos simultaneamente (não sequencialmente) • Planos não cumpridos • Excesso de cuidado torna os planos mais complexos e sua implantação ineficaz

Fonte: Adaptado de Chu, 2006

O MCGB E A ESTRUTURA ORGANIZACIONAL

O impacto dos traços culturais na estrutura das organizações é discutido levando-se em consideração os seguintes elementos: hierarquia, cargos e funções e processo de tomada de decisão.

Pode-se dizer que, em geral, as organizações possuem um grau elevado de hierarquização, em decorrência, primordialmente, dos traços da desigualdade de poder e de autoridade. Os símbolos de poder e *status* são extremamente valorizados pelo brasileiro. Ele carrega o gosto pelas diferenças de posição e pelo "mandonismo". O indivíduo assume para si a importância do cargo e gosta de ver respeitada sua autoridade. Intrinsecamente, pode-se dizer que o brasileiro valoriza as diferenças hierárquicas promovendo a continuidade de estruturas mais infladas. No entanto, há também o impacto da pluralidade cultural. Ao mesmo tempo em que as organizações tendem a possuir muitos níveis hierárquicos, esta característica varia bastante em função do porte e da origem do capital. Isto leva a um panorama estruturalmente diversificado, que abrange formas tradicionais piramidais e modelos mais leves e enxutos. Outro traço importante é a lealdade às pessoas. Os avanços na hierarquia são acelerados em função das relações pessoais. Os indivíduos cultivam boas relações e a lealdade com pessoas em posições poderosas para maior facilidade na "escalada" organizacional.

A quantidade de cargos e funções é impactada pelos traços do formalismo, da pluralidade cultural e por características do contexto nacional. O Brasil é tradicionalmente visto como um país institucionalmente instável e conturbado. Em função disso, as organizações desenvolveram estruturas repletas de cargos e funções específicos, que requeriam competências técnicas também específicas, a fim de minimizar as incertezas do ambiente. Atualmente, esta questão se transforma e a aversão à incerteza se reduz, permitindo ao gestor o desenvolvimento de competências mais orientadas a aspectos comportamentais, de relacionamento e de gestão. A quantidade de cargos e funções também é impactada pela pluralidade cultural e tende a variar, portanto, em função do porte e da origem do capital da empresa.

Em função da desigualdade de poder, o processo de tomada de decisão é geralmente centralizado, e a coordenação exercida pela cúpula da organização. A postura de espectador gera decisões tomadas sempre pelas instâncias superiores (para que o risco seja transferido aos líderes) e grande necessidade de controle para o cumprimento das ações. O gerenciamento ineficiente do tempo leva ao retardamento do processo decisório como um todo, à medida que remete tanto às frequentes postergações de decisões e compromissos assumidos como à dificuldade para o cumprimento de prazos estabelecidos. É preciso considerar, por fim, que o processo de tomada de decisão nas organizações tende a possuir os aspectos anteriormente comentados, mas é impactado também pela pluralidade cultural, o que indica que as características anteriores variam em função do porte e da origem do capital da empresa. O Quadro 10 a seguir ilustra estes pontos.

Quadro 10 Impacto do MCGB na Estrutura

Elementos da estrutura	Traços culturais brasileiros	Impacto
Hierarquia	• Desigualdade de poder • Pluralidade • Lealdade às pessoas	• Em geral, há muitos níveis • Varia em função do porte e da origem do capital • Proximidade de pessoas importantes e poderosas, para facilitar a "subida" na hierarquia
Cargos e funções	• Formalismo (excesso e falta) • Pluralidade	• Habitualmente, há muitos cargos e funções específicos • Tradicional tendência ao desenvolvimento de competências técnicas • Atualmente, tendência ao desenvolvimento de competências comportamentais • Quantidade varia em função do porte e da origem do capital
Tomada de decisão	• Desigualdade de poder • Postura de espectador • Gestão ineficiente do tempo • Pluralidade	• Centralizada, com coordenação na cúpula • Responsabilidade transferida para instâncias superiores/pouca aceitação de risco • Retardada e lenta • Varia em função do porte e da origem do capital

Fonte: Adaptado de Chu, 2006

O MCGB E OS PROCESSOS ORGANIZACIONAIS

O passado de instabilidade e imprevisibilidade do contexto nacional brasileiro gerou a necessidade de flexibilidade, adaptabilidade e criatividade nas organizações. Em função das constantes trocas governamentais e crises econômicas e políticas, as organizações desenvolveram o hábito da prontidão para imprevistos e situações inesperadas. Por este motivo os processos, as atividades e tarefas não eram rígidos e constantes. Pelo contrário, a necessidade de adaptabilidade e criatividade era vital e, por vezes, questão de sobrevivência. O reflexo da instabilidade do contexto foi, portanto, a reduzida sistematização e padronização dos processos organizacionais. A formalização não fazia sentido. Com a abertura econômica nos anos 1980 e 1990 e a crescente e progressiva estabilização dos contextos nacionais – econômico, político e institucional –, este aspecto se transforma e se inverte. Hoje, a utilização do planejamento e da sistematização e padronização de processos são aspectos crescentes e que se tornam fundamentais para a elevação dos patamares de competição e de resultados, tanto nas subsidiárias de multinacionais quanto nas empresas brasileiras de origem familiar (que passam por crescentes processos de profissionalização da gestão). O Quadro 11 a seguir ilustra estas ideias.

Quadro 11 Impacto do MCGB nos processos

Elemento	Traços culturais brasileiros	Impacto
Processos	• Flexibilidade • Formalismo (falta de formalismo) • Planejamento (falta e crescimento)	• Pouca aversão à ambiguidade • Pouca sistematização e padronização • Atualmente, tendência à busca por maior sistematização e padronizações

Fonte: Adaptado de Chu, 2006

O MCGB E A LIDERANÇA ORGANIZACIONAL

Tradicionalmente, os traços da desigualdade de poder, autoridade, personalismo, postura de espectador e de evitar conflitos configuraram o líder no Brasil como alguém que gosta de poder, de *status* e de autoridade. Alguém que pode preferir, também, manter com seus subordinados uma relação que tende mais à dependência do que à autonomia e que, portanto, está pouco orientada ao desenvolvimento do liderado. Os mesmos traços culturais criaram a figura do liderado "médio" como alguém que tem medo de tomar decisões, é submisso, não possui autonomia ou iniciativa e que é dependente do líder. O sistema de liderança é algo, portanto, de caráter subjetivo, qualitativo e paternalista. É tradicionalmente centrado no poder, no *status*, no líder e não na relação entre líderes e liderados e na relação pessoal. O resultado em geral é a má gestão das equipes e baixos patamares de desempenho. No entanto, a abertura econômica nos anos 1980 e 1990 e a incorporação de referenciais estrangeiros geraram transformações neste sistema. O gestor modernizou-se, o liderado tornou-se mais autônomo e independente, e o sistema como um todo (principalmente a relação entre líder e liderados) tornou-se mais orientado às dimensões objetivas e quantitativas e menos centrado nas relações pessoais. Por este motivo, é possível dizer que no sistema de liderança no Brasil convivem perfis de liderança bastante distintos: o gestor mais tradicional, cujo perfil e estilo se calcam no momento anterior à abertura econômica e a globalização, e o gestor mais moderno, cosmopolita, conectado às transformações da gestão no mundo e orientado às dimensões objetivas dos negócios. O Quadro 12 a seguir resume estes aspectos.

Quadro 12 Impacto do MCGB na liderança

Elemento	Traços culturais brasileiros	Impacto
Processo de liderança	• Desigualdade de poder, autoridade • Personalismo • Postura de espectador • Evitar conflitos • Gestão ineficiente do tempo	• Centrado no líder, no poder, nas relações e no *status* • Pouco orientado ao liderado • Paternalista • Liderados com medo de tomar decisão, submissos, sem iniciativa e autonomia e dependentes • Equipes mal geridas • Sujeito à "modernização" do gestor • Tendência à orientação para dimensões mais objetivas da gestão

Fonte: Adaptado de Chu, 2006

O MCGB E A GESTÃO DAS PESSOAS

O impacto dos traços culturais na gestão das pessoas é discutido levando-se em consideração os aspectos de seleção, socialização, avaliação de desempenho e remuneração.

O processo de seleção no Brasil é fortemente influenciado pelo traço do personalismo. Apesar de contratações serem formalmente feitas com base nas competências e habilidades formais dos indivíduos, é forte a presença de contratações via relacionamentos pessoais. As qualificações técnicas, portanto, são por vezes suplantadas por este tipo de relação. Torna-se mais importante *quem* se conhece do que *aquilo que se conhece* efetivamente. A cordialidade também permeia este processo, já que diversas vezes as intenções ou resultados reais não são comunicados transparentemente. Expectativas são criadas, mas não são correspondidas na prática. No entanto, por outro lado, é crescente a "profissionalização" dos processos de seleção, à medida que esta prática é impactada pela internacionalização dos negócios, o que exige mais objetividade e formalização.

O processo de socialização é permeado fortemente pelos traços de personalismo, coletivismo, necessidade de evitar conflitos, cordialidade e lealdade às pessoas. A conjunção destes traços revela dois aspectos importantes. Primeiro, a convivência simultânea no ambiente de trabalho da vida pessoal e da vida profissional do indivíduo é algo frequente, e a maioria dos indivíduos acha este comportamento conveniente e adequado. Como consequência, colegas de trabalho também são amigos, confidentes, torcedores, compadres e comadres. Segundo, os eventos sociais promovidos pela organização ou pelos grupos são extremamente importantes e devem ser compartilhados. O peso do "coletivismo" está no fato de que o grupo deve partilhar momentos conjuntos dentro e fora do ambiente de trabalho. Aquele que não compartilha é por vezes considerado "individualista" e pode ser rejeitado. Como resultado da cordialidade, da lealdade às pessoas e do personalismo, o sujeito pode oferecer participação "de fachada", pois muitas vezes se sente coagido a participar. Os vínculos construídos podem ser reais ou artificiais. A socialização (real ou de fachada) é, portanto, fundamental para a sobrevivência do indivíduo no grupo.

O paternalismo impacta as avaliações de desempenho, tornando-as um processo muito mais subjetivo do que objetivo e meritocrático. Tradicionalmente, os sistemas de avaliação possuem pouca credibilidade. A necessidade de evitar conflitos e a cordialidade tornam os *feedbacks* menos reais do que de fato deveriam ser e podem gerar falsas expectativas. No entanto, com as transformações no perfil do gestor – a "modernização" e a consideração de dimensões mais objetivas na gestão – e a maior interação com práticas internacionais, o caráter subjetivo dessas avaliações caminha gradualmente em direção a maior objetividade.

A questão da remuneração é permeada pela desigualdade de poder, pelo coletivismo, pelo crescimento do planejamento, pela orientação a valores femininos, pelas mudanças no contexto nacional e pela maior internacionalização da gestão. A desigualdade de poder configura um sistema de remuneração, em geral, bastante desigual, em que as diferenças salariais entre os primeiros níveis organizacionais e os mais altos são consideravelmente excessivas, em comparação a outros países. No entanto, o paternalismo, a postura de espectador, o personalismo e o medo da autoridade geram um comportamento passivo e dócil dos descontentes. O coletivismo é percebido na ausência de premiação pelo esforço e desempenho individuais. No entanto, o crescimento do planejamento e da estabilidade do contexto nacional conduz aqui também a um aumento gradual na utilização de componentes variáveis na remuneração total. Já a orientação a valores femininos acarreta o aumento dos benefícios não monetários, relacionados à qualidade de vida. A maior internacionalização da gestão introduz no Brasil práticas e modelos de remuneração mais calcados em aspectos objetivos. O Quadro 13 a seguir ilustra todos os aspectos comentados.

Quadro 13 Impacto do MCGB na gestão das pessoas

Elementos de Recursos humanos	Traços culturais brasileiros	Impacto
Seleção	• Personalismo • Cordialidade	• Baseada em relações de amizade e confiança • Expectativas criadas, mas não correspondidas na prática • Quem se conhece é mais importante do que aquilo que se conhece • Crescente profissionalização
Socialização	• Personalismo • Coletivismo • Evitar conflitos • Cordialidade • Lealdade às pessoas	• Fundamental para a sobrevivência do indivíduo no grupo • Participação "de fachada" no grupo ou como demonstração de cordialidade • Construção real e artificial de vínculos
Avaliação de *performance*	• Paternalismo • Evitar conflitos • Cordialidade	• Subjetiva e pouco meritocrática • Baixa credibilidade • Falta de *feedback* real • Geração de expectativas falsas • Caminha para a objetividade
Remuneração	• Desigualdade de poder • Coletivismo • Postura de espectador • Lealdade às pessoas • Personalismo • Paternalismo • Planejamento (crescimento) • Contexto nacional (estabilização) • Feminilidade (orientação às pessoas) • Internacionalização	• Muito desigual • Ausência de premiação pela eficiência • Protecionismo, "amigos do rei" têm seus salários ajustados • Crescimento dos componentes variáveis • Adoção de benefícios não monetários • Orientação para qualidade de vida • Caminha para objetividade

Fonte: Adaptado de Chu, 2006

Bibliografia Comentada

BARROS, T.; Prates, M. *O Estilo Brasileiro de Administrar*. São Paulo, Atlas, 1996.

Um livro pioneiro sobre o estilo brasileiro de administrar, essa obra é leitura fundamental para aqueles que pretendem conhecer mais a fundo o tema. Os autores buscam referência em autores brasileiros clássicos e estrangeiros renomados, conduzem uma pesquisa com 2.500 executivos de 520 organizações e desenvolvem o que chamaram "Sistema de Ação Cultural Brasileiro". Além de delinear o sistema, os autores discorrem também sobre os impactos da cultura em diferentes aspectos da gestão como a tomada de decisão, a liderança, a motivação, a estrutura e os processos de inovação. O livro tem sua importância associada ao pioneirismo na busca da sistematização de um possível modelo cultural característico da gestão no país.

MOTTA, F. C. P. e Caldas, M. P. (Orgs.) *Cultura Organizacional e Cultura Brasileira*. São Paulo, Atlas, 1997.

Uma das obras mais importantes sobre cultura organizacional brasileira. O livro reúne leituras diversas sobre a cultura brasileira nas organizações. Partindo de diversas abordagens metodológicas, os trabalhos buscam revelar traços particulares da nossa "brasilidade". Freitas realiza uma pesquisa bibliográfica das obras de autores clássicos, como Gilberto Freire, Sérgio Buarque de Holanda, Caio Prado Junior e Roberto DaMatta, e delineia traços da cultura organizacional brasileira como hierarquia, personalismo, paternalismo, malandragem, "jeitinho", sensualismo e aventureiro. Davel e Vasconcelos fazem uma reflexão histórica sobre a dimensão paterna nas relações de trabalho. Costa faz um estudo de caso em uma torcida de futebol, identificando o homem cordial e a organização cordial como características específicas das organizações no país. Vergara, Moraes e Palmeira revelam as características particulares da administração de uma escola de samba, organização que consideram ser típica no país, e Matheus realiza uma reflexão sobre o imaginário da lei no Brasil. Estes são alguns exemplos dos trabalhos nessa obra, leitura obrigatória no campo da cultura organizacional brasileira.

FREITAS, M. E. *Cultura Organizacional: Formação, Tipologias e Impactos*. São Paulo, Makron Books, 1991.

Como a cultura nacional e a organizacional constituem campos de base para a discussão do Modelo Contemporâneo da Gestão à Brasileira, o trabalho de Maria Ester de Freitas é fundamental para a compreensão daquilo que significa cultura organizacional. A autora faz uma revisão teórica profunda sobre o tema, destaca os autores fundamentais, aponta os principais elementos da cultura organizacional, discute algumas tipologias e debate aspectos como impacto da cultura no desempenho e mudança cultural. É um trabalho pioneiro no campo e permanece uma referência seminal para a compreensão do tema.

HOFSTEDE, G. *Culture's Consequences: Comparing Values, Behaviors and Institutions Across Nations*. Thousand Oaks, California, Sage Publications, 2001.

Para compreensão da forma como a gestão é praticada no Brasil é essencial conhecer como as culturas nacionais divergem em seus valores e ações. Essa obra de Hofstede é referência como trabalho intercultural para muitos estudos no campo da cultura, seja ela nacional ou organizacional. É referência também para a compreensão de estilos de gestão em diferentes países. O autor faz uma pesquisa extensa em mais de 50 países, revelando seu posicionamento em função de cinco categorias de análise: distância de poder, evitamento da incerteza, masculinidade *versus* feminilidade, individualismo *versus* coletivismo e orientação ao curto *versus* longo prazos. Esse trabalho é um dos mais citados no campo e merece a atenção do leitor em busca de conhecimento de análises interculturais.

TANURE, B. *Gestão à Brasileira: uma Comparação entre América Latina, Estados Unidos, Europa e Ásia*. São Paulo, Atlas, 2003.

Nesse livro, a autora retoma as categorias de Hofstede (distância de poder, necessidade de controlar incertezas, masculinidade *versus* feminilidade, individualismo *versus* coletivismo e orientação entre curto e longo prazos) e analisa a posição do Brasil comparativamente aos EUA, Europa e Ásia. O livro reflete a evolução do estilo de gestão brasileiro, buscando evidenciar as transformações que ele sofreu nos últimos 30 anos. Os resultados indicam que, para quase todas as categorias, o Brasil permanece relativamente o mesmo, com exceção da necessidade de controlar incertezas, índice que teria se reduzido. Um aspecto interessante desse trabalho está no fato de que trata as dimensões de Hofstede nos regionalismos do Brasil, confirmando o aspecto plural e heterogêneo da nação e dos estilos de gestão. A autora trata também, com base em uma ótica intercultural, aspectos como a relação das nações com o tempo e as distintas percepções de sucesso.

WOOD, T.; Caldas, M. P. "Antropofagia Organizacional". *RAE – Revista de Administração de Empresas*, v. 38, n. 4, pp. 6-17, 1998.

Nesse artigo, os autores tratam do tema da utilização de referenciais estrangeiros por países onde esses referenciais não foram originados, como foi e é o caso do Brasil. Os autores discutem por que as adoções de referenciais acontecem, quais os empecilhos em geral (do contexto nacional) e específicos (das organizações) para que elas não tenham o sucesso esperado, discutem três tipologias de adoção características no Brasil e propõem um método de adoção de tecnologias e referenciais. A principal discussão do texto são as tipologias de incorporação ("para inglês ver", a situação de frustração e negação e a adaptação criativa). Essa discussão culmina com o método proposto, a antropofagia organizacional, que sugere a adoção apropriada com uma releitura dos componentes que fazem sentido ao contexto organizacional e social em questão.

CUNHA, M. P. "Adopting or Adapting? The Tension Between Local and International Mindsets in Portuguese Management". *Journal of World Business*, v. 40, n. 2, pp. 188-202, 2005.

Um artigo importante para quem busca compreender a relação entre os contextos local e global, dentro da ideia do mundo economicamente globalizado. O autor faz uma pesquisa com gestores portugueses para discorrer sobre a relação entre o global e o local e compreender a configuração do estilo de gestão português em função disso. Em seu trabalho, fica claro que a relação entre esses dois polos traduz a dialética entre um estilo de gestão paroquial e anterior à globalização e um estilo mais moderno e cosmopolita derivado dos referenciais estrangeiros que resulta em um estilo síntese dessa confrontação. É um trabalho significativo, que explora um fenômeno que ocorre em diversas culturas e que propõe uma configuração que reflete toda sua intensidade e complexidade.

Referências Bibliográficas

Abrahamson, E. "Management Fashion". *Academy of Management Review*, v. 21, n. 2, pp. 254-285, 1996.

Adler, N. J. *International Dimensions of Organizational Behavior*. Cincinnati, OH, South-Western, 2002.

Aidar, M.; Brizola, A.; Motta, F. C. P.; Wood, T. "Cultura Organizacional Brasileira". In: Wood, T. *Mudança Organizacional*. São Paulo, Atlas, 1995.

Alcadipani, R.; Crubellate, J. M. "Cultura Organizacional Brasileira: Generalizações Improváveis e Conceituações Imprecisas". *RAE – Revista de Administração de Empresas*, v. 43, n. 2, pp. 64-77, 2003.

Albert, S.; Whetten, D. A. "Organizational Identity". *Research in Organizational Behavior*, v. 7, pp. 263-297, 1985.

Alvesson, M. *Understanding Organizational Culture*. London, Sage Publications, 2002.

Ashcraft, K. L. "Organized Dissonance: Feminist Bureaucracy as Hybrid Form". *Academy of Management Journal*, v. 44, n. 6, pp. 1301-1322, 2001.

Ashkanasy, N.; Gupta, V.; Mayfield, M. S.; Trevor-Roberts, E. "Future Orientation". In: House, R. J.; Hanges, P. J.; Javidan, M.; Dorfman, P. W.; Gupta, V. *Culture, Leadership, and Organizations – The GLOBE Study of 62 Societies*. London, Sage Publications, 2004.

Barbosa, L. *O Jeitinho Brasileiro: a Arte de Ser mais Igual que os Outros*. Rio de Janeiro, Campus, 1992.

Barros, B. T.; Prates, M. *O Estilo Brasileiro de Administrar*. São Paulo, Brasil, Atlas, 1996.

Barros, B. T. *Gestão à Brasileira*: uma Comparação entre América Latina, Estados Unidos, Europa e Ásia. São Paulo, Atlas, 2003.

Barros, B. T.; Cançado, V. L. Aquisições: "Um Perfil das Operações no Brasil". Minas Gerais, FDC, 2003 (*Caderno de Ideias*, n. 27/2003).

Bertero, C. O. "Gestão à Brasileira. *RAE – Revista de Administração de Empresas*, v. 3, n. 3, pp. 47-52, 2004.

Bertero, C. O.; Keinert, T. "A evolução da análise organizacional no Brasil (1961-1993)". *RAE – Revista de Administração de Empresas*, São Paulo, v. 34, n. 3, pp. 81-90, 1994.

Boje, D. M. *Narrative Methods for Organizational and Communication Research*. London, Sage Publications, 2002.

Borys, B.; Jemison, D. "Hybrid Arrangements as Strategic Alliances: Theoretical Issues in Organizational Combinations". *Academy of Management Review*, v. 14, n. 2, pp. 234-249, 1989.

Bosi, A. *Cultura Brasileira: Temas e Situações*. São Paulo, Ática, 1992.

Burke, P. *Hibridismo Cultural*. São Leopoldo, Editora Unisinos, 2003.

Calás, M. B.; Arias, M. E. "Compreendendo as Organizações Latino-americanas: Transformação ou Hibridização?". In: Motta, F. C. P.; Caldas, M. P. (Coord.). *Cultura Organizacional e Cultura Brasileira*. São Paulo, Atlas, 1997.

Caldas, M. P. "Santo de Casa não Faz Milagre: Condicionantes Nacionais e Implicações Organizacionais da Fixação Brasileira pela Figura do 'Estrangeiro' ". In: Motta, F. C. P.; Caldas, M. P. (Coord.) *Cultura Organizacional e Cultura Brasileira*. São Paulo, Atlas, 1997.

Caldas, M. P.; Wood, T. "Fads and Fashions in Management: the Case of ERP". *RAE – Revista de Administração de Empresas*, v. 40, n. 3, pp. 8-17, 2000.

_____. "For the English to See: the Importation of Managerial Technology in Late 20th Century Brazil". *Organization*, v. 4, n. 4, pp. 517-534, 1997.

_____. "TQM no Brasil: Inovações Gerenciais em Ambientes Turbulentos". In: Wood Jr., T. (Org.). *Mudança Organizacional*. São Paulo, Atlas, 1995.

Camargos, M. A.; Barbosa, F. V. "Análise do Desempenho Econômico-financeiro e da Criação de Sinergias em Empresas Combinadas: um Estudo dos Processos de Fusões e Aquisições do Mercado Brasileiro. *Anais do Enanpad*, 28º, Curitiba, 2004.

Canclini, N. G. *Culturas Híbridas: Estratégias para Entrar e Sair da Modernidade*. Editora da USP, São Paulo, 2003.

CNI e Sebrae. *Indicadores de Competitividade das Indústrias*. [S. I.], c2005. Disponível em: http://www.sebrae.com.br/br/aprendasebrae/estudosespeciais.asp (Acesso em 3 de maio de 2006).

Chu, R. A. *Contribuições à Compreensão da Gestão à Brasileira*. Dissertação de Mestrado, Fundação Getulio Vargas, São Paulo, 2006.

Chu, R. A.; Wood, T. "Cultura Organizacional Brasileira Pós-globalização: Global ou Local?" *RAP – Revista de Administração Pública*, v. 42, n. 5, pp. 969-991, 2008.

_____. *Brazilian Organizational Culture after Globalization: From Parochialism to Hybridization*. Trabalho aprovado no Academy of International Business, Indianapolis, 2007. Não apresentado e/ou publicado.

Costa, A. L. "Cultura Brasileira e Organização Cordial: Ensaio sobre a Gaviões da Fiel". In: Motta, F. C. P.; Caldas, M. P. (Coord.). *Cultura Organizacional e Cultura Brasileira*. São Paulo, Atlas, 1997.

Cunha, M. P. "Adopting or Adapting? The Tension between Local and International Mindsets in Portuguese Management". *Journal of World Business*, v. 40, n. 2, pp. 188-202, 2005.

Cunha, M. P.; Rego, A.; Campos e Cunha, R.; Cabral-Cardoso, C. *Manual de Comportamento Organizacional e Gestão*. 3. ed. Lisboa, Editora RH, 2005.

Cunha, M. P.; Cunha, J. V. "Glocalization and the Dialectics of Managerial Knowledge". *Proceedings of the International Conference "Managerial Knowledge between Globalization and Local Contexts"*. Roma, LUISS University, 2000.

DaMatta, R. *O que Faz do Brasil, Brasil?* 5. ed. Rio de Janeiro, Rocco, 1991.

Davel, E.; Vasconcelos, J. "Gerência e Autoridade nas Empresas Brasileiras: uma Reflexão Teórica e Empírica sobre a Dimensão Paterna nas Relações de Trabalho". In: Motta, F. C. P.; Caldas, M. P. (Coord.). *Cultura Organizacional e Cultura Brasileira*. São Paulo, Atlas, 1997.

Dimaggio, P. J.; Powell, W. W. "The Iron Cage Revisited: Institutional Isomorphism and Collective Rationality in Organizational Fields". *American Sociological Review*, v. 48, n. 1, pp. 147-160, 1983.

Elis, P.; Carrieri, A. P. "A Percepção dos Executivos Expatriados Italianos sobre a Cultura Brasileira". *Anais do Enanpad*, 29º, Brasília, 2005.

Emrich, C. G.; Denmark, F. L.; Hartog, D. N. "Cross-Cultural Differences in Gender Egalitarianism: Implications for Societies, Organizations and Leaders". In: House, R. J.; Hanges, P. J.; Javidan, M.; Dorfman, P. W.; Gupta, V. *Culture, Leadership, and Organizations – The GLOBE Study of 62 Societies*. London, Sage Publications, 2004.

Freitas, A. B. "Traços para uma Análise Organizacional". In: Motta, F. C. P.; Caldas, M. P. (Coord.). *Cultura Organizacional e Cultura Brasileira*. São Paulo, Atlas, 1997.

Freitas, M. E. *Cultura Organizacional – Evolução e Crítica*. São Paulo, Cengage Learning, 2007.

_____. *Cultura Organizacional: Formação, Tipologias e Impactos*. São Paulo, Makron Books, 1991.

Gertler, M. S. "Best Practice? Geography, Learning and the Institutional Limits to Strong Convergence". *Journal of Economic Geography*, v. 1, n. 1, pp. 5-27, 2001.

Gonçalves, G. A.; Miura, I. K. "Executivo Expatriado: Fatores que Afetam o Ajustamento Internacional". *Anais do Enanpad*, 26º, Salvador, Brasil, 2002.

Hall, E. T. *The Silent Language*. New York, Fawcett, 1959.

_____. "The Silent Language of Overseas Business". *Harvard Business Review*, v. 38, n. 3, pp. 87-95, 1960.

_____. *A Dimensão Oculta*. Rio de Janeiro, Francisco Alves, 1977.

Hartog, D. N. (2004). "Assertiveness". In: House, R. J.; Hanges, P. J.; Javidan, M.; Dorfman, P. W.; Gupta, V. *Culture, Leadership, and Organizations – The GLOBE Study of 62 Societies*. London, Sage Publications, 2004.

Hermans, H. J.; Kempten, H. J. "Moving Cultures: the Perilous Problems of Cultural Dichotomia in a Globalizing Society". *American Psychologist*, v. 53, n. 10, pp. 1111-1120, 1998.

Hofstede, G. *Cultures and Organizations: Software of the mind*. London, McGraw-Hill, 1997.

_____. *Culture's Consequences. Comparing Values, Behaviors, Institutions, and Organizations across Nations*. Thousand Oaks, California, Sage, 2001.

Homem, I. D.; Tolfo, S. R. "Gestão Intercultural: Perspectivas para o Ajustamento de Executivos Expatriados". *Anais do Enanpad*, 28º, Curitiba, 2004.

House, R. J.; Hanges, P. J.; Javidan, M.; Dorfman, P. W.; Gupta, V. *Culture, Leadership, and Organizations – The GLOBE Study of 62 Societies*. London, Sage Publications, 2004.

Kabasal, H.; Bodur, M. "Humane Orientation in Societies, Organizations, and Leader Attributes". In: House, R. J.; Hanges, P. J.; Javidan, M.; Dorfman, P. W.; Gupta, V. *Culture, Leadership, and Organizations – The GLOBE Study of 62 Societies*. London, Sage Publications, 2004.

Javidan, M. "Performance Orientation". In: House, R. J.; Hanges, P. J.; Javidan, M.; Dorfman, P. W.; Gupta, V. *Culture, Leadership, and Organizations – The GLOBE Study of 62 Societies*. London, Sage Publications, 2004.

Laurent, A. "The Cultural Diversity of Western Conceptions of Management". *International Studies of Management and Organizations*, v. 13, n. 1-2, pp. 75-96, 1981.

Martin, J. *Organizational Culture: Mapping the Terrain*. Thousand Oaks, California, Sage, 2002.

Matheus, T. B. "Uma Discussão Psicanalítica sobre o Imaginário da Lei no Brasil". In: Motta, F. C. P.; Caldas, M. P. (Coord.) *Cultura Organizacional e Cultura Brasileira*. São Paulo, Atlas, 1997.

Matos, A. P. *Interculturalidade: Executivos Americanos na Bahia e suas Expectativas e Percepções sobre a Cultura de Trabalho Local*. Dissertação de Mestrado, Universidade Federal da Bahia, Bahia, 2002.

Miranda, J. C.; Martins, L. "Fusões e Aquisições de Empresas no Brasil". *Economia e Sociedade*, v. 14, pp. 67-88, 2000.

Moreira, C. A. *O Paternalismo nas Organizações Brasileiras: Reflexões à Luz da Análise Cultural de Empresas do Polo Têxtil de Americana*. Tese de Doutorado, Escola de Administração de Empresas de São Paulo da Fundação Getulio Vargas, São Paulo, 2005.

Osland, J. S. "Broadening the Debate: The Pros and Cons of Globalization". *Journal of Management Inquiry*, v. 12, n. 2, pp. 137-154, 2003.

Pettigrew, A. "On Studying Organizational Cultures". *Administrative Science Quarterly*, v. 24, n. 4, pp. 574-581, 1979.

Pieterse, J. N. "Globalization as Hybridisation". *International Sociology*, v. 9, n. 2, pp. 177-178, 1994.

Pliopas, A. L.; Dell Agli, M. G. *Expatriados no Brasil: a Percepção da Cultura Brasileira por Expatriados em Comparação à Cultura de seus Países de Origem*. Anais do IberoAmerican, 4º, Lisboa, 2003.

Motta, F. C. P. *Cultura e Organizações no Brasil*. São Paulo, FGV-EAESP, 1996 (Relatório de Pesquisa n. 15/1996).

Motta, F. C. P.; Alcadipani, R. "Jeitinho Brasileiro, Controle Social e Competição". *RAE – Revista de Administração de Empresas*, v. 39, n. 1, pp. 6-12, 1999.

Motta, F. C. P.; Alcadipani, R.; Bresler, R. "Estrangeirismo como Segregação nas Organizações". *Revista de Administração de Contemporânea*, v. 5, número especial ENEO, 2001.

Motta, F. C. P.; Caldas, M. *Cultura Organizacional e Cultura Brasileira*. São Paulo, Atlas, 1997.

PwC. *Relatório Preliminar – Fusões e Aquisições no Brasil*, 2005.

Rodrigues, S. B.; Collinson, D. "Having Fun? Humor as Resistence in Brazil". *Organization Studies*, v. 5, n. 16, pp. 739-768, 1995.

Schein, E. H. "Coming to a New Awareness of Organizational Culture". *Sloan Management Review*, v. 25, n. 2, pp. 3-16, 1984.

Schein, E. H. *Organizational Culture and Leadership*. San Francisco, Jossey-Bass, 1992.

Schneider, S. C.; Barsoux, J. L. *Managing across Cultures*. London, Prentice Hall, 2003.

Scott, W. R. "The Adolescence of Institutional Theory". *Administrative Science Quarterly*, v. 32, n. 4, pp. 493-512, 1987.

Shrivastava, P. "Integrating Strategy Formulation with Organizational Culture". *The Journal of Business Strategy*, v. 5, n. 3, pp. 103-111, 1985.

Smircich, L. "Concepts of Culture and Organizational Analysis". *Administrative Science Quarterly*, v. 28, n. 3, pp. 339-359, 1983.

Steur, R. S. *Hibridização e Hibridismos Organizacionais: Estudo de Caso em Contexto de Integração Pós-aquisição*. Dissertação de Mestrado, Escola de Administração de Empresas de São Paulo da Fundação Getulio Vargas, São Paulo, 2006.

Svensson, G. "'Glocalization' of Business Activities: a 'Glocal' Strategy Approach". *Management Decision*, v. 39, n. 1, pp. 6-18, 2001.

Trinches, D. "Fusões, Aquisições e outras Formas de Associação entre Empresas no Brasil". *Revista de Administração*, v. 31, n. 1, pp. 14-31, 1996.

Trompenaars, A. *Nas Ondas da Cultura: como Entender a Diversidade Cultural nos Negócios*. São Paulo, Educator, 1993.

Urdan, F. T.; Urdan, A. T. "Estilos Gerenciais e Agrupamento de Cultura Nacional: Brasileiros *versus* Europeus Latinos e Anglo-saxões". *Anais do Enanpad*, 25º, Campinas, Brasil, 2001.

Vergara, S.; Moraes, C.; Palmeira, P. "Cultura Brasileira Revelada no Barracão de uma Escola de Samba: o Caso da Família Imperatriz". In: Motta, F. C. P.; Caldas, M. P. (Coord.). *Cultura Organizacional e Cultura Brasileira*. São Paulo, Atlas, 1997.

Wood, T.; Caldas, M. "Antropofagia Organizacional". *RAE – Revista de administração de empresas*, v. 38, n. 4, pp. 6-17, 1998.

_____. "Adopting Imported Managerial Expertise in Developing Countries: The Brazilian Experience". *Academy of Management Executive*, v. 16, n. 2, pp. 18-32, 2002.

Wood, T.; Paes de Paula, A. P. *Pop-Management: MBAs no Brasil*. São Paulo, FGV-EAESP, 2002 (Relatório de Pesquisa n. 25/2002).

Coleção Debates em Administração

Ambiente organizacional – Coleção Debates em Administração
João Marcelo Crubellate

Assédio moral no trabalho
Maria Ester de Freitas, Roberto Heloani e Margarida Barreto

Cultura Organizacional
Maria Ester de Freitas

Empreendedorismo
Marcelo Marinho Aidar

Empresas em rede
Sérgio G. Lazzarini

Ensino e pesquisa em administração
Carlos Osmar Bertero

Estratégia internacional da empresa
Fábio L. Mariotto

Expatriação de executivos
Leni Hidalgo Nunes, Isabella Freitas Gouveia de Vasconcelos e Jacques Jaussaud

Filosofia e organizações
Yvon Pesqueux

Gestão da inovação tecnológica
Tales Andreassi

Negócios internacionais
Ana Lucia Guedes

Organizações em aprendizagem
Isabella F. Gouveia de Vasconcelos e André Ofenhejm Mascarenhas

O poder nas organizações
Cristina Amélia Carvalho e Marcelo Milano Falcão Vieira

Pós-Modernidade
Isleide Arruda Fontenelle

Teoria crítica nas organizações
Ana Paula Paes de Paula

Teoria da decisão
Luiz Flavio Autran Monteiro Gomes

Uso de casos no ensino de administração
Roberto C. Fachin, Betania Tanure e Roberto Gonzalez Duarte

Impresso por

www.metabrasil.com.br